神さまってホントにいるの？

石井研士　著

はじめに

本書を手にとってくださったあなたは、日頃から宗教について関心を抱いている方なのでしょう。

日本では、学校教育で宗教について教わる機会がありません。

宗教系の学校でも、教えるのは特定の宗教が中心で、他の宗教との比較や現代日本社会と宗教がどのような関わりを持っているかといった問題を扱うことはありません。

それでもあなたは薄々と感じていたはずです。宗教に潜む問題は社会にとっても自分にとっても重大な意味を持っている、と。

本書は、「宗教とは何か」というような宗教の本質を問うものではありません。宗教についての素朴な疑問を考えることで、今の私たちが置かれている文化や社会の状況を理解したいと考えて書かれたものです。

それぞれの問題について皆さんはどのように考えますか。

ぜひ、あなた自身の答えを見つけていただきたいと願っています。

石井　研士

目次

第1問 なぜ神さまは地震を起こすの？

ヒント1 地震は天罰なのか？……10
石原前都知事の天罰発言／天罰を受けるべきなのは誰だろう

ヒント2 苦難の神義論……16
予定説／二元論／業

ヒント3 日本人の災害観……21
天譴論／運命論／精神論

第1問●まとめ……26

第2問 神さまってホントにいるの？

ヒント1 ホーキングは神の存在を否定する……29

ヒント2 アインシュタインによれば宗教と科学は調和する……35
ヒント3 神がいたから地動説が生まれた……38
ヒント4 月から地球を見た宇宙パイロットの転身……43
ヒント5 神を否定する思想 ①ニヒリズム……46
ドストエフスキーの無神論／「神は死んだ」とニーチェは言った／
神を失った現代社会は世界の深さを喪失する
ヒント6 神を否定する思想 ②唯物史観……57
「宗教はアヘンである」とマルクスは言った／
搾取を正当化するキリスト教のイデオロギー／
日本共産党は宗教をどう考えているか
ヒント7 神を否定する思想 ③精神分析……66
第2問●まとめ……69
第3問 宗教団体はアブナイの？
ヒント1 みんな宗教団体が大キライ！……74

ヒント2 神社やお寺は宗教団体ではない？……79
非宗教的な集団が宗教集団になるって？／独自的宗教集団の種類／宗教団体はなぜできる？
ヒント3 宗教は平和に貢献する？ それとも戦争のもと？……95
オウム真理教事件／宗教団体の社会貢献活動／低い宗教団体の活動の認知と評価／宗教団体とのつきあい方を考える
第3問●まとめ……119

第4問 信仰心はどこから来るの？

ヒント1 信仰を持つきっかけはなんだろう……123
ヒント2 入信しないと悟りは得られないのか……134
明治の文豪も悟りを求めた／新宗教の入信理由は貧・病・争？
ヒント3 信仰者に課される義務と戒律とは？……147
第4問●まとめ……155

第5問 日本人は宗教好きなの？

ヒント1 日本では宗教は娯楽なのか？……159
海外の信仰者はどうなのか？／日本人の信仰はいいかげん？

ヒント2 生活の中の宗教……165
日本人は宗教的？／日本人の宗教行動／日本人の宗教は変わらない？
儀礼の変容

ヒント3 死後の魂はどこへ行くのか？……181
祖先崇拝はどうなるのか？／魂のゆくえ

ヒント4 現代日本人の宗教性とは？……188
日本人から宗教性は失われたのか／銀座の神々／スピリチュアルって？
正月はテレビの中からやってくる

第5問●まとめ……208

おわりに……209

注　本書中の引用文において、送りがなは原文のままとし、難読漢字には原文にないルビをふった。引用文中の〔　〕は著者が補った注記である。

第 1 問

なぜ神さまは地震を起こすの？

地震や火山の噴火による自然災害は、多くの人に、無差別に被害をもたらす。東日本大震災後の惨状からは「神も仏もない」という嘆きが聞こえたという。その一方で、ふだん信仰を意識していない多くの人々が犠牲者に祈りを捧げた。

そして、あなたはこう思ったことはないだろうか。

「神さまがいるとしたら、なぜ、このような大災害を起こすのだろうか?」

「なぜ一万五千名もの人が死ななければならなかったのか?」と。

寺田寅彦（てらだ・とらひこ　1878-1935）
地球物理学者として地震などを研究するかたわら、随筆家、俳人としても多くの作品を遺した。夏目漱石の門下生でもあり、『吾輩は猫である』の水島寒月のモデルともいわれる。

「天災は忘れた頃にやってくる」は、寺田寅彦の名言として知られています。東京帝国大学教授で物理学者であった寺田は一九二三年（大正一二年）の関東大震災に遭遇《そうぐう》し、震災後調査に従事しました。彼が注目したのは旋風《せんぷう》という火災によって発生するつむじ風や乱雲でした。寺田は報告書に、旋風による延焼によって多くの死傷者が出たと記しています。他にも一九三〇年（昭和五年）の北伊豆地震や一九三四年（昭和九年）の函館の大火なども調べています。「天災は忘れた頃にやってくる」という述懐は、日本人と災害とのかかわりを考える上でひじょうに示唆に富んだ言葉です。

自然災害はまさに「天災」ゆえ、誰を責めることもできません。けれどもその犠牲があまりに哀しくつらく、不条理であると感じたとすれば、なんらかの意味づけや理由がほしくなります。そして時には神の意図や存在を問いただしてみたくなることもあるのではないでしょうか。人間の叡智《えいち》はどのような解釈で天災との折り合いをつけてきたのか、考えてみましょう。

ヒント1

地震は天罰なのか？

●石原前都知事の天罰発言

東日本大震災が起こった二〇一一年（平成二三年）三月一一日の三日後、石原慎太郎・東京都知事（当時）がインタビューの中で「地震は天罰《てんばつ》」と述べて、その後、強い批判を受けました。結局、発言の翌日には撤回し謝罪することとなりました。なぜ都知事は「天罰」などという表現を用いたのでしょうか。

まず、石原前都知事の発言の経緯と、謝罪内容を確認しておきましょう。新聞記事によると経緯は次のようなものです。

石原知事は同日午後、都内で「震災に対する日本国民の対応をどう見るか」と報道陣に問われ、「スーパーになだれ込んで強奪するとかそういうバカな現象は、日本人に限って起こらない」などとした。さらに親が亡くなったことを長年隠し年金を不正受給していた高齢者所在不明問題に言及し、「日本人のアイデンティ

石原慎太郎（いしはら・しんたろう　1932-）
一橋大学在学中に『太陽の季節』で芥川賞を受賞。1968年、参議院議員となり、25年間国政議員を務めた。1999年東京都知事となり、四期を務めた。2012年、維新の会代表に就任、17年ぶりに衆議院議員となる。

ティーは我欲になった。政治もポピュリズムでやっている。津波をうまく利用してだね、我欲を一回洗い落とす必要があるね。積年たまった日本人の心のアカをね。これはやっぱり天罰だと思う」と語り、「被災者の方々はかわいそうですよ」と続けた。
　その後の記者会見で「『天罰』は不謹慎では」と質問が相次いだが、石原知事は「被災した方には非常に耳障りな言葉に聞こえるかもしれませんが、と言葉を添えている」とした。

『読売新聞』二〇一一年三月一五日

次は石原前都知事の撤回と謝罪内容です。

　東京都の石原慎太郎知事が、東日本巨大地震に関連し、「天罰」などと述べたことについて、石原知事は15日、「被災者、都民、国民の皆様を深く傷つけた」と謝罪し、発言を撤回した。石原知事は同日、地震対応に関する記者会見の冒頭で、「被災者の失意、無念は拝察するに余りある」「発言を撤回し、深くおわびします」とし、「首都の知事として、被災地のために全力を尽くすことを改めて約束したい」と述べた。
石原知事は14日、震災に対する日本国民の対応をどう見るかと報道陣に問われた際、「津波をうまく利用して『我欲』を洗い落とす必要がある」「これはやっぱり天罰」などと発言していた。都によると、この発言に対してメールや電話による意見や抗議が殺到していたという。

『読売新聞』二〇一一年三月一六日

石原氏の論理によれば、「天が日本人の我欲《がよく》を洗い落とすために津波を起こした」ということになりますし、「津波を契機にして日本人本来の姿に戻るべき」ということになるでしょう。発言は撤回されましたが、「天」という世界観にかかわる考え方が変わったわけではなさそうだ、と思うのは私だけでしょうか。

「天」は古代中国で生まれ、政治、道徳に大きな影響力を持った普遍的観念です。日本では『古事記』にも記されていて、古代から現在に至るまで私たちの間に生き続けている思考形式といえます。時と場合によって微妙に解釈が異なりますが、一般的には天上にいると想像された最高の神、自然の理法、物理的自然などと理解されています。

天は超越的な権威として個人の運命や社会の動向を支配するものと考えられました。つ

▶考えてみよう
「天職」「天命」など「天」のつく言葉や格言を挙げて意味を調べてみよう。

まり、私たちの運命や出来事にはある種の法則が働いており、天は正しい者を助け、悪《あ》しき者には災厄《さいやく》を与えるという、道徳的な合理性が存在すると考えるのです。

昔の人はよく「おてんとうさまが見ているのだから悪いことをしてはいけない」と言って悪い行いを戒《いまし》めました。「おてんとうさま」は漢字で書くと「お天道さま」、つまり天はその人の悪事を見逃すことなく承知しており、たとえ誰も見ていないと思っても罰が下ることになりますよ、という意味です。「お天道さま」にはお日様の意味もあります。最近再びリメイクされて大人気のマンガ・アニメ『美少女戦士セーラームーン』の決めセリフ「月に代わってお仕置きよ！」も同じ文脈に立った表現ですね。

●天罰を受けるべきなのは誰だろう

もう一度、石原前都知事の発言を整理してみましょう。石原氏いわく、東日本大震災は「天罰」である、「天罰」とは天が下す罰のことで、悪事に対する当然の報いである、とのことでした。それでは天罰の対象となった悪事とは何でしょうか。それは日本人の「我欲」です。自分の利益を優先するような社会（政治）のあり方が天の怒りを買ったのだと、政治家として言いたかったに違いありません。

石原前都知事の発言をどう評価するかは本書の目的ではありません。しかし、「天罰」

と述べたのは何も石原氏だけではないのです。複数の文化人が、日本の現状に対する自然のしっぺ返しとして震災を位置づけ、文明の転換期に入ったと述べたことは指摘しておきたいと思います。

大災害や大事故あるいは世間を揺るがすような大事件が起こったときに「転換期」と叫ぶ人は珍しくはありません。こうした発言を聞いてまず思うのは、ちょうど都知事の発言を聞いた記者たちが指摘したように、被災者への配慮が欠けているのではないか、ということです。地震が我欲に陥った日本（人）への天の鉄槌《てっつい》だとしても、天罰を受けたのがなぜ石原前都知事ではなく、三陸地方で暮らす人々だったのでしょうか。無念な思いを抱えているであろう被災者から離れた地で「天罰」を語ることの気楽さが漂っているように感じます。

家族を亡くし、家を失い、郷土を失った人々は、「これは天罰だ」といわれて納得できるのでしょうか。被災地では「神も仏もない」という嘆きが聞かれたと先にも記したとおりです。

都知事の発言でもう一つ気になるのは、「洗い落とす」という表現です。川や海で身体を洗い清め、罪穢《つみけが》れを除去する行為を「禊《みそぎ》」といいます。神社に参拝したときに、手を漱《すす》ぐことも一種の禊です。神道では、「罪」とは畔放《はんぽう》（田のあぜを壊して水を流すこと）

などの農耕規範を犯す行為、生膚断《いきはだたち》（生きているものの皮膚に傷をつけること）、近親相姦のような性的規範に背《そむ》く行為、自然的災禍《さいか》といった社会的秩序を破る行為を指します。また「穢《けがれ》」とは、清浄でない、汚れて悪しき状態をいいます。そしてこのような罪や穢れた状態になったときには禊を行うことによって清められると考えるのです。

神道学者の中には、罪や穢れが超自然的な罰《ばつ》や咎《とが》を招くとする信仰が今でも続いていると主張する人もいます。それにしても、政治の世界では、スキャンダルを抱えた政治家が選挙で当選すると「みそぎ選挙」や「禊は済ませた」といってスキャンダルの終焉《しゅうえん》を宣言する光景がしばしば見られます。すぐに失言を撤回するといった態度といい、私には都合のよい、本質を巧みに歪《ゆが》めた使用方法としか思えません。

複数の文化人といわれる人たちが、同じような表現を用いているのですから、それなりに説得力はあるのだろうし、私たち一人ひとりの中にもこうした解釈の素地《そじ》が存在するのではないかと考えられます。

しかし、東日本大震災に限らず、大規模な自然災害、大事故、肉親や自分の病苦に直面したときに、つまり本当の当事者になったときに、私たちはどのように理解するのか、あるいは理解できないのか……。

以下のヒントを頼って考えてみましょう。

ヒント2　苦難の神義論

「地震は天罰」という言葉が意味するものについて考えてみると、日本人にとっての「天」は絶対的な神よりももう少し幅広い概念、たとえば運命や因果などといったものも含んでいることがわかります。日本人の宗教観は、救済という点ではそれほど厳密ではありません。願いごとについても、一部を除いては、たとえ叶《かな》わなくてもたいして気にしたりはしません。

諸宗教は多くの人々を苦しみから救済してきたといわれます。宗教は苦しみの中で生まれ育ったといっても過言ではありません。世界の諸宗教は「苦しみ」をどう説明してきたのでしょうか。

人生の苦難の意味を説明する宗教の教義を「苦難の神義論《しんぎろん》」といいます。「苦難の神義論」には多くの説がありますが、ここでは社会学者のマックス・ウェーバーの説を紹介しようと思います。ウェーバーは、世界の不完全性を克服するための、満足のいくような宗教的観念は三つあると述べています。それは、予定説、ゾロアスター教の二元論、インドの業《ごう》（カルマ）の教説の三つです。

マックス・ウェーバー（Max Weber 1864–1920）
20世紀を代表するドイツの社会学者。比較宗教学の祖であるほか、経済学や社会学など社会科学全般において多大な功績を残し、後世に影響を与えた。

▶考えてみよう

予定説、二元論、業（カルマ）の３つのうち、あなたがもっとも納得できる説明はどれだろう？
その説明に納得できない点があるとしたら、どういったところだろう？

●予定説——神の御心《みこころ》は計り知ることができない

世の中は不条理で、思いがけないことや予測不能な事態がすぐに発生します。病気や事故で苦しむ人々は多数存在します。不正がはびこり、正直者がバカを見ることがあります。人々は衝突し、血を流し、互いに殺し合うことすらあります。日本の若者の死亡原因でもっとも多いのは自殺です。神が全知全能であるとすれば、神が創造し支配するこの世界はなぜ不完全なのでしょうか。

しかし、絶えざる矛盾や不条理への疑問は、全能なる創造主への信仰によって乗り越えることが可能となります。全能なる神はちっぽけな被造物である人間の行為によって左右されるような存在ではありません。つまり、神は絶えず私たちを見ていて、私たちの行う行為が善であるか悪であるかを判断しているわけではありません。神の絶対的全能は私たちを限りなく超越していますから、私たちの判断の尺度を神に当てはめることなどできないわけです。神の御心はどこまでも人間からは隠されており、計り知ることはできない、と考えるのです。

地上の運命に対する決定も、彼岸《ひがん》のそれに対する予定も、永遠の昔から確固として揺るぎません。

このように考えると、「なぜ神は地震を起こすのか」という問いかけ自体が意味を失うことになります。神の御心は隠されていて、ちっぽけな人間などにはうかがい知ることはできないのですから。人間は神の恩寵《おんちょう》を信じて、日々の信仰を拠《よ》りどころとして生きていくしかありません。

多くの日本人は、いきなりこうした説明を聞いて理屈の上では理解できても、ピンと来ないかもしれません。神を信じる人たちにとって、すべては日々の信仰がもとになっています。朝夕に祈り、食事の前にもお祈りを捧げ、日曜日には教会に行って礼拝に参加します。こうした習慣を持たない一般の日本人には理解が難しいでしょう。

●二元論――光と闇の闘いに巻き込まれる

しかし、もし神が全能でもなければ、世界が神による無からの創造ではないとしたら、どうでしょうか。ウェーバーはいいます。不義、不正、罪など、つまり神義論の問題を生ぜしめるようなすべての事態は、偉大にして善なる神々の光り輝く清浄さが、これに対抗して自立する闇の力や、それと同一視される不浄な質量の力に触れて生じた混濁《こんだく》の結果なのである、と。

私たちは光と闇の闘いに巻き込まれ、混濁の渦中《かちゅう》にある、と考えるわけです。地震はこの二大勢力の狭間《はざま》で起こることであって、私たちはとばっちりを避けることができま

▶考えてみよう

下のナマズ絵から、江戸時代の人々が地震をどのようにとらえていたと考えられるだろうか。

せん。

光と闇の二大勢力の抗争というモチーフは、映画やテレビ、アニメなどによく見られるもので、すでにおなじみです。しかし、エンターテイメントとして見るのと、自らに災《さい》禍《か》が降りかかったときに理解するのとはまったく事情は異なります。

●業《ごう》――前世の因果応報

業（カルマ）とは、善人も悪人も死んでしまえば皆同じであるというのは不公平だという因果応報論から成り立った概念です。業はその善悪に応じて果報（ごほうび）を生じ、

江戸時代に流行したナマズ絵。地震を起こした西のナマズが天照大神（あまてらすおおみかみ）の前で「もう悪さはいたしません」という誓約書に手形を押している。地震をユーモラスに表現した絵がお守りとして人気だった。（所蔵：凸版印刷株式会社　印刷博物館）

関東大震災後の横浜馬車道。

死によっても失われず、輪廻転生《りんねてんしょう》に伴って代々伝えられます。業の解釈に従えば、現実の無情さや自己の不幸は自らの行為の結果であり、是認《ぜにん》せざるをえません。業は一種の運命論ともいえます。

ウェーバーは、業による教説は、神義論の問題の形式的かつもっとも完全な解決だといいます。世界とは、倫理的な応報関係がくまなく張り巡らされたひとつの秩序界（コスモス）です。応報という観点からすれば不当とも思われるほどの現世での苦難も、実はある過去の生において犯した罪の償《つぐな》いに他なりません。今の自分は過去の自分の結果であり、厳密な意味において、自分自身の運命をどこまでもみずからの手で創り出すことになります。

インド古代の思想である業は、仏教に引き継がれ、日本にも影響を与えました。日本では「宿業《しゅくごう》」といって、現在の状況が過去に積んだ業によるもので、いかんともしがたいという無力感に満ちた諦《あきら》めにも繋《つな》がりました。業は、今の自分の行為が将来の自分のあり方を決定するという積極的な意味をもっていますが、日本では消極的側面が強く現れました。

ヒント３

日本人の災害観

日本は過去何度となく風水害に見舞われ、大きな被害を受けてきました。明治時代に日本を訪れたキリスト教の宣教師が残した日記や報告書には、家を失い家族を失った日本人が、健気《けなげ》にも明るく再建に取り組む姿が描かれています。大森貝塚を発見した動物学者のモースには、焼け出された人々が幸福そうにニコニコしている様子が信じられなかったようです。

とうとう、私は、家を五、六十軒焼いた、かなり大きな火事を見る機会に遭遇《そうぐう》した。晩の十時半、スミス教授——赤味を帯びた頭髪と頰髭《ほおひげ》とを持つ、巨人のようなスコットランド人——が、私の部屋に入って来て、市の南方に大火事があるが見に行き度《た》くないかといった。勿論《もちろん》私は行き度《た》い。そこで二人は出かけた。門の所で一台の人力車を見つけ、車夫を二人雇って勢《いきお》いよく出発した。火事は低い家の上に赤々と見え、時々我々はその方に走って行く消防夫に会った。三十分ばかり車を走らせると、我々は急な丘の前へ来た。その向うに火事がある。我々は人力車を下り、急いで狭い小路をかけ上って、間もなく丘の上へ来ると、突然大火が、そのすべての華麗さを以《もっ》て、我々の前に出現した。それ迄《まで》にも我々は、僅《わず》かな家財道具類の周囲に集った人々を見た。背中に子供を負った辛棒《しんぼう》強い老婆、子供に背負われた頼りない幼児、男や女、それ等《ら》はすべて、まるで祭礼でもあるかのように微笑《びしょう》を顔に浮べている。この一夜を通じて私は、涙も、苛《いら》立《だ》ったような身振《みぶ》りも見ず、また意地の悪い言葉は一言も聞かなかった。時に纏持《まといもち》の命があぶなくなるような場合には、高い叫び声をあげる者はあったが、悲歎《ひたん》や懸念の表情は見当らなかった。

エドワード・S・モース『日本その日その日2』平凡社、東洋文庫、一九七〇年

エドワード・モースの見た大火事のあとの日本人は、けっして脳天気に微笑していたわけではないでしょう。江戸は火事が多くて慣れっこだったから、という人もいますが、災厄は何度遭遇《そうぐう》してもつらいものです。なぜ自分の家が焼けなくてはいけなかったのか、怒りや悲しみを十分に感じていたと思います。それでも日本人は起こったことは仕方ないやと諦めて、とりあえず雨露《あめつゆ》を避ける場所を作る、今を生きていく力を持っていたの

エドワード・モース（Edward Sylvester Morse 1838-1925）
アメリカの動物学者。腕足動物の研究のため来日し、大森貝塚を発見した。帰国後の晩年、関東大震災による東京帝国大学図書館崩壊の報を受け、遺言により全蔵書１万2000冊を寄贈した。

かもしれません。理不尽で不条理な世の中を生きていこうとしたときに、「天」や「運命」といったような自分を超えた何者かとの関わりの中に自らを位置づける必要があったのではないでしょうか。

しかし、災厄は自然によるものだけでなく、人災もあります。今回の東日本大震災の場合、同じようにいくのかどうか疑問です。皆さんはどう思いますか。

災害学者の広《ひろ》井《い》脩《おさむ》は、日本人の伝統的な三つの災害観を指摘しています（『災害と日本人』時事通信社、一九九五年）。一つ目は、災害は天罰とみる「天譴《てんけん》論」、二つ目は災害による人間の生死は定められた運命と考える「運命論」、三つ目が災害に対する心構えを強調する「精神論」です。順番に紹介します。

●天譴論

天譴《てんけん》は天のとがめ、天の罰のことで、「天が堕落《だらく》した社会を改善するために災害を起こしてくれた」という「天恵《てんけい》論」や「天佑《てんゆう》論」とも結びつきます。先に引用した石原前都知事の発言は、まさしくこうした天譴論です。天の警告、天が指し示してくれたあるべき方向として災害の意味を理解するわけです。

●運命論

運命論は、災害を起こるべくして生じた運命と考えるものです。災害による絶望を緩和する効用を持つとともに復興を促進する機能を果たします。他方で、災害に対する諦《てい》念《ねん》や忘却をも生み出すことになります。あきらめです。自然災害など、人智の及ばない災害に直面することの多い日本人には、比較的なじみのあるとらえ方でしょう。

●精神論

精神論は、原因や理由よりは、起こってしまった現状から将来の復興へと気持ちを切り替えさせようとするものです。従来とは異なった生活態度を奨励したり、被災者が神仏に祈る態度が典型的です。よく知られた「絆《きずな》」や「震災婚」など、新たな生活の様式の提言は精神論にあたります。

ある意味で、苦しみは信仰を生み出すもっとも直接的な動機となります。苦しみの中で、人は人生に向き合い、人生の意味を考えることになるからです。宗教によって、苦難の意味づけやその解決方法はさまざまです。しかし、信仰の力によって苦難が乗り越えられていく点は共通しています。

以上、三つのヒントを通じて、「なぜ神さまは地震を起こすのか」について自分なりの解答は見つかったでしょうか？　改めて視点を整理してみましょう。

第1問 まとめ

ヒント1◆地震は天罰なのか？

↓神は人間の犯した過ちに警告を与えるために罰をくだす。

ヒント2◆苦難の神義論

↓予定説＝人間を超越した存在である神の計画は人間には理解できるはずがない。

↓二元論＝地震は光と闇の闘いから引き起こされるものであるから不可避である。

↓業（カルマ）＝過去生において犯した罪の償いであるのだから受けるほかない。

ヒント3◆日本人の災害観

↓いつまでも「なぜ」にこだわらず、起こってしまったものは仕方ない、と復興に向けて気持ちを切り替えたり、新たな精神的支えを模索したりする前向きな傾向がある。

第②問

神さまって
ホントにいるの？

あなたにとって神とはなんだろうか。

困ったときに願いをかなえてくれる？　いつも見守ってくれている？

神はどこにいて、なにをしているのか、考えてみたことはあるだろうか。

そして、ひょっとしたら、「神なんて存在しないんじゃないか」と思ったことがないだろうか。

お願いをしたのにかなわなかったり、期待を裏切られたり。

あるいは辛さをじっと耐えているときに……。

スティーブン・ホーキング（Stephen William Hawking 1942-）
ケンブリッジ大学大学院時代に難病の筋萎縮性側索硬化症（ALS）を発症し、全身の運動機能が麻痺した。2014年に注目されたアイス・バケツ・チャレンジはこの病気の研究支援を目的としている。

神の存在を強く否定する考え方があります。日本人にはなじみにくい考え方のように思えますが、近年複数の本が刊行されて、関心を示す人が少なくないようです。

神の存在を否定する考え方を**無神論**といいます。代表的な無神論に、科学決定論、ニヒリズム、マルクス主義の考え方があります。

まずは科学決定論から見た神、宗教を見ることにしましょう。

ヒント１　ホーキングは神の存在を否定する

「なぜこの宇宙は存在しているのか」

「なぜ私たちは存在しているのか」

「この世界は創造主を必要としているのか」

こうした究極的な問いに答えを見いだした人物がいます。「車椅子の物理学者」として知られるイギリスの理論物理学者スティーブン・ホーキングです。ブラックホール蒸発理論や無境界仮説を提唱し、三二歳という異例の若さでロンドン王立協会会員に選出されました。王立協会はイギリスの科学学会の頂点と言われる組織です。

ホーキングは一九八八年に『ホーキング、宇宙を語る』を出版し、世界中で大きな反響を呼びました。日本でも一〇〇万部を超えるベストセラーとなりました。

著書の中でホーキングはこう語っています。


自然法則に対して無知であったがために、古代の人々は人間の生活のあらゆる面を支配する存在として神を創り上げたのです。その中には、愛と戦争の神、太陽と地球と空の神、海と川の神、雨と嵐の神、さらには地震と火山の神まで存在しました。神の機嫌がいいときは、好天と平和に恵まれて災害や病気に見舞われずにすみ、一方で神が機嫌を損ねると、旱魃《かんばつ》や戦争、伝染病や疫病《えきびょう》が蔓延《まんえん》すると考えられていました。彼らの目には自然界の原因と結果の法則が見えなかったため、これら神々は深遠な存在とされ、人々は神々の意のままでした。

（中略）

自然界の法則は、宇宙が「どのように」ふるまうかを教えてくれますが、私たちがこの本の最初に挙げた「なぜ？」という質問には答えてくれません。

なぜ、宇宙は存在しているのでしょうか？　どうして無ではないのでしょうか？
なぜ、私たちは存在しているのでしょうか？
なぜ、自然世界の法則は今あるようになっているのでしょうか？　どうして、ほかの法則ではないのでしょうか？

宇宙をこのように創ることを選んだ神がいるのだ、というのがこれらの質問への答えだと言う人もいることでしょう。誰が、もしくは何が宇宙を創ったのかを問うことには意味があります。しかし、もし答えが神であるなら、「では誰が神を創ったのか？」という問題にすり替わるだけの話です。創造主を必要としない存在があり、それが神と呼ばれるものなのだ、という考え方も受け入れられています。これは神の存在証明として知られている第一原因論です。けれども、私はこれらの質問に、何らかの神的な存在に訴えることなく、純粋に科学の範疇《はんちゅう》で答えることが可能であると主張します。

『ホーキング、宇宙と人間を語る』エクスナレッジ、二〇一〇年ホーキングによれば、ビッグバンは物理学的法則の避けられない結果であり、神の手や偶然によって説明できるものではありません。もしそうだとすれば、私たち人間も、宇宙の創造における無から有の結果として存在することになった、ということになります。

ホーキングは、当然ながら天国や死後の世界の存在も否定しています。天国や死後の世界は闇を恐れる人々の作りだしたおとぎ話にすぎないと述べています。

ホーキングの新聞でのコメントや著書の内容は宗教界の反発を買った、と報道されました。ホーキングはたんなる個人的な意見として述べたのではなく、量子論に基づく現代物理学の研究成果を踏まえての発言です。神が人間を創造したのではないという発言は、現代物理学による論理的な帰結である、というわけです。

旧約聖書の冒頭に「創世記」があります。第一日目から第三日目まで引用しましたので、ホーキングの指摘を念頭に置いて読んでください。「創世記」の記述は十分に説得力があると思いますか。

「創世記」(『旧約聖書』)

初めに、神は天地を創造された。地は混沌であって、闇《やみ》が深淵《しんえん》の面《おもて》にあり、神の霊が水の面を動いていた。神は言われた。

「光あれ。」

こうして、光があった。神は光を見て、良しとされた。神は光と闇を分け、光を昼と呼び、闇を夜と呼ばれた。夕べがあり、朝があった。第一の日である。

神は言われた。

「水の中に大空あれ。水と水を分けよ。」

神は大空を造り、大空の下と大空の上に水を分けさせられた。そのようになった。神は大空を天と呼ばれた。夕べがあり、朝があった。第二の日である。

神は言われた。

「天の下の水は一つ所に集まれ。乾いた所が現れよ。」

そのようになった。神は乾いた所を地と呼び、水の集まった所を海と呼ばれた。神はこれを見て、良しとされた。神は言われた。

「地は草を芽生えさせよ。種を持つ草と、それぞれの種を持つ実をつける果樹を、地に芽生えさせよ。」

そのようになった。地は草を芽生えさせ、それぞれの種を持つ草と、それぞれの種を持つ実をつける木を芽生えさせた。神はこれを見て、良しとされた。夕べがあり、朝があった。第三の日である。

『聖書』新共同訳、日本聖書協会、二〇一二年

そして神は引き続き万物を創造し、七日目を安息日としました。キリスト教を信仰している人のみならず、よく知られた天地創造神話です。ホーキングは著書の中で、他の創世神話も引用しながら、こうした神話が作り話であることを説明していきます。

結局、ホーキングによれば、どのようなものであれ、宗教は誤った知識、遅れた知識ということになります。宗教は、ホーキングたち現代物理学者の科学的決定論の前では、たんなる作り話に過ぎません。科学的思考と宗教とは火と油のように混じり合わないもの、対立するものと考えていいのでしょうか。科学とは合理的な思考の営みであるのに対して、宗教は非合理的神秘的な活動の領域であって、両者は折り合うことはないのでしょうか。

アルベルト・アインシュタイン（Albert Einstein　1879-1955）
1905年に特殊相対性理論、1916年に一般相対性理論を発表し、「現代物理学の父」と呼ばれる。1945年の広島への原爆投下に衝撃を受け、科学技術の平和利用を訴え続けた。

ヒント２　アインシュタインによれば宗教と科学は調和する

信仰を持っている科学者は珍しくありません。二〇世紀最大の理論物理学者と称され、特殊相対性理論および一般相対性理論の提唱者としてノーベル物理学賞を受賞したアインシュタインの場合には、ホーキングと状況が異なるようです。

アインシュタインにドイツ生まれの詩人ウィリアム・ヘルマンスがインタビューをした本があります。原題は『アインシュタインと詩人（Einstein and the poet）』ですが、邦訳されたタイトルは『アインシュタイン、神を語る　宇宙・科学・宗教・平和』となっています。アインシュタインは、詩人の問いかけに対して、時には質問をいなしたり、肩すかしを食らわせながらも、真摯《しんし》に回答していきます。

「もし神がこの物質世界をつくったのなら、人類のすべての災厄《さいやく》や悲哀に対して責任をとるべきではありませんか？」

というストレートな質問に、アインシュタインは

「そのとおりだ……人間が自由意志を与えられていなかったとしたらね。人間の行動のすべては、自分か誰かの意志の作用だ。もし、多数の人がナチスの意志に従わなかった

のなら、強制収容所などなかったはずなのだ」

と答えています。

アインシュタインは、全能の神を認めながらも、人間に自由意志が存在すること、その結果、人間に責任があることも指摘しています。神は全能だけれども、人間にも自由意志があるというのは、微妙な回答ですね。人間に責任を認めるので、ナチスの迫害を受けたユダヤ人としてのアインシュタインは、キリスト教や教会、そして聖職者に対しては厳しい批判を投げつけています。

それでもアインシュタインは、宗教そのものを否定するわけではありません。人類は宗教の新しい段階、宇宙的宗教の時代に入ったのだと述べるのです。

> 宇宙と、地球よりははるかに大きく、光が到達するまで何百年もかかる無数の星々の広大無辺さに対する理解が深まれば、人は自分の行為が賞罰《しょうばつ》に動機づけられていると言われるのを侮辱《ぶじょく》と思うようになるにちがいない。それはまた、すべての驚異を創造された神を、人間のレベルにおとしめる侮辱でもある。真に宗教的な天才は、つねにこうした宇宙的宗教感覚を身につけており、教義も聖職者も

人格化した神も必要でなかったので、異端者とみなされてきたんだ。

ウィリアム・ヘルマンス『アインシュタイン、神を語る』工作舎、二〇〇〇年

アインシュタインのいう宗教は、組織としての教会で表される宗教ではなさそうです。そうであれば、宗教と科学は調和するものだといいます。アインシュタインの次の発言を皆さんはどう考えますか。

宗教を欠いた科学、科学を欠いた宗教、どちらも不備なものだ。両者は互いに依存しており、真理の追求という共通の目標をもっている。だから、宗教がガリレオやダーウィンなどのような科学者たちを排斥するのは本来おかしいんだ。（中略）科学者が神は存在しないというのも、やはりおかしい。本物の科学者は信仰をもっているからね。（中略）それは、教義を受け入れねばならないという意味ではないよ。宗教がなければ博愛精神もない。一人ひとりに与えられた魂は、宇宙を動かしているのと同じ生きた精神《スピリット》によって動かされているんだ。

同書

ヒント3　神がいたから地動説が生まれた

宗教が非科学的前近代的な遺物であるということの例えに、コペルニクスやガリレイの宗教裁判の事例が採り上げられることがあります。コペルニクスは「コペルニクス的展開」という言葉でよく知られているように、地動説を主張して中世のキリスト教的宇宙観（天動説）から近代的宇宙観への移行を促した天文学者として知られています。

一六世紀イタリアに生まれた自然学者で天文学者のガリレオ・ガリレイは、コペルニクスの地動説をさらに展開し、傑作といわれる『天文対話』という本を著しました。ガリレイはこの本の中で、世界を完全で不滅的な天上界と、不完全で可滅的な地上界という二つの領域に分けて考えることが誤りであることを明らかにしています。動いているのは天ではなく地球であるといいます。しかしながらその結果、ガリレイはローマ法王庁の怒りを買い、異端審問所で断罪されてフィレンツェ郊外のアルチェトリに蟄居《ちっきょ》させられることになりました。『天文対話』も一八三五年まで禁書とされ、カトリックの影響力の強い地域では読むことができませんでした。

それではガリレイは、キリスト教を中心とした一七世紀の西洋世界において、ローマ

ガリレオ・ガリレイ（Galileo Galilei　1564-1642）
現在では、ガリレイの異端裁判はねつ造された証拠により有罪となったことがわかっている。没後350年の1992年、ローマ法王庁はガリレイに対するすべての告発を公式に取り消した。

教皇を相手に、科学的知識を武器にして真っ向から闘いを挑んだ科学者だったのでしょうか。ところが、どうもそうではなさそうなのです。『天文対話』の冒頭には次のような文章が記されています。

> 自然の書物に読まれることはいずれも、全能な造物主のつくられたものであって非常によく均整のとれたものではありますが、それでもやはり、造物主の仕事と仕業とをわれわれにいっそう偉大なものとして示すものはいっそう完全で価値あるものなのです。そして宇宙の構成こそ、わたくしの信ずるところによると、知りうるあらゆる自然的事物のなかでも第一番目に価値あるものなのです。というのはもし宇宙が普遍的な包括者として大いさにおいて他のすべてのものに先立っているとするならば、これはまたすべてのものを規制し維持するものとして、高貴さにおいても他のすべてのものに先立つべきでしょうから。
>
> ガリレオ・ガリレイ『天文対話　上』岩波文庫、一九五九年

『天文対話』を一読して理解できるのは、ガリレイはキリスト教を批判や否定するために天文学を研究したのではなく、神が創った見事な被造物である宇宙を通して、神の御業を明らかにすることにあった、ということです。ガリレイにとって宇宙は、「壮大な書物」つまり「第二の聖書」であったのです。

近代物理学の祖といわれる、万有引力の法則で知られるニュートンも同じです。彼の著書『光学』には次のように記されています。

自然哲学の主要な任務は、仮説を捏造《ねつぞう》することなく、まず現象から議論を進め、ついで諸結果から諸原因を演繹《えんえき》し、ついにはまさしく機械的でない真の第一原因に到達するにある。そしてまた世界の機構を明らかにするのみならず、主として次のような疑問を解明するにある。ほとんど物質のない場所には何があるか。また太陽と諸惑星が、その間に密な物質なしに互いに引き合うのは何によるか。自然が何事も無駄にしないのは何によるか。この世界にみられるすべての秩序と美は何によって生じるか。（中略）このようなことが敏速にうまく処理されているのであるから、無形の、生命ある、聡明な、遍在《へんざい》的な神がいますことは諸現象から

アイザック・ニュートン（Isaac Newton　1643-1727）
万有引力の法則と運動方程式により古典力学を完成した。『光学』執筆時はケンブリッジ大学の教授で、自然科学と同じかそれ以上に聖書や神学の研究にも熱心だった。

> 明らかではないか。かれは無限の空間で、それがあたかもかれの感覚中枢であるかのように、事物が即座にかれに応じることにより、事物それ自体を深く見通し、徹底的に知覚し、完全に理解する。
>
> （中略）
>
> もし自然哲学がその全分野でこの方法を追求して、ついには完成されるならば、道徳哲学の領域もまた拡大されるであろう。なぜなら、われわれが自然哲学によって、第一原因とは何か、神はわれわれに対してどのような支配力をもっているか、またどのような恩恵をわれわれは神から受けているかを知りうるかぎり、それだけ、われわれ相互に対する義務のみならず、われわれの神への義務もまた自然の光によって明らかとなるであろうからである。
>
> ニュートン『光学』岩波文庫、一九八三年

宇宙の構造の精緻《せいち》さ、見事さは、ガリレイにとってもニュートンにとっても、神の存在を証明するものとして映っていました。

それでは、アルチェトリに幽閉《ゆうへい》されたガリレイは、ローマ法王庁の扱いをどのように考えていたのでしょうか。ガリレイは、天文学と聖書の不一致は二つの理由によって生

じると考えました。ひとつは、研究者の理解が誤っている場合、いまひとつは、『聖書』の言葉の理解が誤っている場合です。ガリレイは自説を誤っていると考えてはいなかったので、『聖書』の言葉の理解に誤りがあると考えました。つまり、『聖書』は「どのようにして天国へ行くか」を教えることを目的としていて、「どのように天が運行しているか」を明らかにすることを目的にしているわけではないので、教えが説かれた時代の人が理解しやすいように、地動説を利用したのだ、と考えたのです。

科学史を専門とする渡辺正雄は、一七世紀の科学者と信仰の問題を、「概念枠」という言葉を利用して説明しています。ガリレイやケプラーが、この宇宙は数学の言葉で書かれた書物であるという強力な先入観に捉えられていなければ、数学的で近代科学的な諸法則は見いだせなかったことになります。ニュートン力学の大前提である人間の感覚を超えた「絶対的な時間」と「絶対的な空間」という考え方も、「**絶対者としてのキリスト教の神を知らずには導き出せなかった**」と記しています。

さらに渡辺は、科学と宗教が対立して見えるのは、両者の本質をよく理解していないところに原因があり、「**科学がどれほど進んだとしても、科学には、神の言としての『聖書』が人間に伝えようとしているその中心的な内容を、正しいと証明することもできなければ、間違っているといって否定することもできないからである**」と指摘しています（渡辺正雄『科学者とキリスト教　ガリレイから現代まで』講談社、一九八七年）。

ヒント４

月から地球を見た宇宙パイロットの転身

もう少し、現代における科学と宗教の話を聞いてください。宇宙船アポロ16号の飛行士チャールズ・デュークの体験を皆さんはどのように考えますか。

チャールズ・デューク
（Charles Moss Duke, Jr.　1935-）

発射台から打ち上げられると、大西洋の深い青が見えた。三千四百トンの推力をもつサターンロケットは、ごう音を響かせながら、またたく間に時速三万九千キロに達する。

視界が白っぽくなり、やがて、漆黒《しっこく》の宇宙に飛び出した。

月への軌道に乗る。操縦室で腕を伸ばすと、生命をはぐくむ青い地球が、すっぽり手のひらにおさまった。

ここから見れば、国境も人種もない。なのに、人はどうして平和に暮らせないのか――。

そう思った瞬間、彼はかぶりを振った。

「妻ひとり愛してやれない男に、いったい何が語れるというのだ」。

『朝日新聞』一九九六年一月五日

地球に戻ったデュークは、その後夫婦でキリスト教に帰依《きえ》し、伝道師となって世界五〇か国以上を布教に訪れています。彼は、

「**科学技術は心の安らぎまで与えてはくれない。どんな栄光を手に入れても、それだけでは成功した人生じゃない**」

と述べています。

同じく、アポロ15号の飛行士ジェームス・アーウィンも月の上で不思議な感情を抱きました。

ジェームズ・アーウィン
（James Benson Irwin　1930-1991）

月の大地は、灰色の山脈と丘が連なっていた。地平線の向こうに、黒い宇宙空間が切り込んでいた。

動くものはない。風もない。だが、まるで生まれ故郷にいるような安心感があった。すぐ後ろに「神」がいそうで、宇宙服の肩越しに何度も振り返った。

アーウィンは貧しい家庭から空軍に入った。高く飛ぶことがそのまま人生の成功につながってきた。

二十五年前の夏。高さの極みに向かう発射台で、しかし心は晴れなかった。彼もまた、すれ違いが続く妻と、顔を合わせるたびにけんかになった。すべてを投げ出して一市民に戻ることを、何度も考えた。

月飛行は、名声を追い求めてきた自分と向き合う旅だったのかもしれない。

「人が月面を歩いたことより、キリストが地上に降り立った方がはるかに重要だ。それをわからせるため、神は私を月に導いた」。

『朝日新聞』一九九六年一月五日

彼もまた、地球に帰還してすぐ宗教財団を設立し、神の偉大さを伝えるための活動を始めました。ここには科学と宗教の対立は見られません。二人は、科学と宗教の対立を越えて人生の深い意味に目覚めたことになるのでしょうか。

宗教が科学に対して警鐘《けいしょう》を鳴らすこともあります。最近話題になったクローン技術はどうでしょうか。技術的には人間のクローンさえ作れるだけの技術を人間は持っています。行きすぎた科学技術への信仰や、歯止めの利かない技術開発こそ、私たちの智の暗闇かもしれません。

ヒント5 神を否定する思想 ①ニヒリズム

●ドストエフスキーの無神論

ニヒリズムはラテン語のニヒル（nihil：虚無《きょむ》）から創られた言葉で「虚無主義」と訳されます。あらゆる既成の宗教的・道徳的・政治的権威や、既成の社会的秩序とそのイデオロギーに対する無条件的な否定の立場を表しています。ちょっと難しい表現ですが、問題は「既成の否定」というところにありそうです。これまでの制度や価値観すべてを否定する哲学的態度です。

フョードル・ミハイロヴィチ・ドストエフスキー（1921-1981）
ロシアの小説家・思想家。賭博好きで多額の借金を返済するため、作品を量産した。そのため、代表作のひとつである『罪と罰』は口述筆記で書かれた。

ニヒリズムは一九世紀ヨーロッパにおいて、当時の価値観の根源とされた教会の教えに対する抗議として認識されるようになります。ニヒリズムは危険思想であるとして、社会問題化します。

一八八〇年に刊行されたドストエフスキー『カラマーゾフの兄弟』のもともとのタイトルは『無神論者』であったといわれています。『カラマーゾフの兄弟』は難解な長編小説のように思えるかもしれませんが、人の欲望や憎しみ、人間の本質に迫る傑作です。日本でも早くから紹介され、翻訳が出版されています。

『カラマーゾフの兄弟』は当時の知識階級が直面した根本問題、つまり「**私自身が今日までずっと意識的無意識的に苦しんできたところのもの、すなわち神の存在という問題**」を扱っていると、ドストエフスキーは友人に語っています。主人公のイヴァンの無神論は、抽象的な思弁の世界によるものではなく、この世の不幸な事実の上に立脚しています。

ドストエフスキーは、無垢《むく》な子どもでさえ受けなければならない理不尽な虐待《ぎゃくたい》の事例を挙げた後に、次のように記しています。

このかわいそうな五つの女の子を、教養豊かな両親はありとあらゆる手で痛めつけたんだ。理由なぞ自分でもわからぬまま、殴《なぐ》る、鞭打《むちう》つ、足蹴《あしげ》にするといった始末で、女の子の全身を痣《あざ》だらけにしたもんさ。そのうちついに、この上なく念のいった方法に行きついた。真冬の寒い日に、女の子を一晩じゅう便所に閉じこめたんだよ。それも女の子が夜中にうんちを知らせなかったというだけの理由でね（まるで、天使のようなすこやかな眠りに沈んでいる五つの子供が、うんちを教える習慣をすっかり身につけているとでも言わんばかりにさ）、（中略）それも母親がだぜ、実の母親がそんなことをさせるんだよ！　しかもこの母親は、便所に閉じこめられたかわいそうな子供の呻《うめ》き声が夜中にきこえてくるというのに、ぬくぬくと寝ていられるんだからな！　お前にはこれがわかるかい。一方じゃ、自分がどんな目に会わされているのか、まだ意味さえ理解できぬ小さな子供が、真っ暗な寒い便所の中で、悲しみに張り裂けそうな胸をちっぽけな拳《こぶし》でたたき、血をしぼるような涙を恨《うら》みもなしにおとなしく流しながら、〈神さま〉に守ってくださいと泣いて頼んでいるというのにさ。お前にはこんなばかな話がわかるかい。お前は俺の親しい友だし、弟だ。お前は神に仕える柔和な見習い修道僧だけれど、いったい何のためにこんなばかな話が必要なのか、何のためにこんなことが創りだされるのか、お前にはわかるかい！（中略）だいたい、認識の世界を全部ひっくるめたって、〈神さま〉に流したこの子供の涙ほどの値打ちなんぞありゃしないんだからな。俺は大人の苦しみに関しては言わんよ。大人は知恵の実を食べてしまったんだから、大人なんぞ知っちゃいない。みんな悪魔にでもさらわれりゃいいさ、しかし、この子供たちはどうなんだ！

ドストエフスキー『カラマーゾフの兄弟　上』新潮文庫、一九七八年

そしてこの文章の後に無神論をテーマとする「大審問官」というイヴァンの劇詩が続きます。私には、この難解な部分を批評家・小林秀雄のように要約するだけの勇気も能力もないので（「カラマーゾフの兄弟」『小林秀雄全集第六巻　ドストエフスキイの作品』）、大審問官がイエスを前にして、悪魔による荒野の誘惑への回答に疑問を投げかけていることだけを述べておきます。小林秀雄の文章も読んでくださいね。参考に、「マタイ伝」から「荒野の誘惑」の部分を載せておきます。

荒野の誘惑　「マタイによる福音書」

さて、イエスは悪魔から誘惑《ゆうわく》を受けるため、〃霊〃に導かれて荒れ野《あれの》に行かれた。そして四十日間、昼も夜も断食《だんじき》した後《のち》、空腹を覚えられた。すると、誘惑する者が来て、イエスに言った。「神の子なら、これらの石がパンになるように命じたらどうだ。」イエスはお答えになった。

「『人はパンだけで生きるものではない。

神の口から出る一つ一つの言葉で生きる』

と書いてある。」次に、悪魔はイエスを聖なる都に連れて行き、神殿の屋根の端《はし》に立たせて、言った。

「神の子なら、飛び降りたらどうだ。

『神があなたのために天使たちに命じると、

あなたの足が石に打ち当たることのないように、

天使たちは手であなたを支える』

と書いてある。」イエスは、「『あなたの神である主《しゅ》を試してはならない』とも書いてある」と言われた。

フリードリヒ・ニーチェ（Friedrich Wilhelm Nietzsche 1844-1900）
偏頭痛の発作などに苦しみ、古典文献学者から放浪の哲学者に転身した。生前は著書もさほど売れず、晩年は精神病のため正気を失った。

更《さら》に、悪魔はイエスを非常に高い山に連れて行き、世のすべての国々とその繁《はん》栄《えい》ぶりを見せて、「もし、ひれ伏してわたしを拝《おが》むなら、これをみんな与えよう」と言った。すると、イエスは言われた。「退《しりぞ》け、サタン。
『あなたの神である主を拝み、
ただ主に仕《つか》えよ』
と書いてある。」そこで、悪魔は離れ去った。すると、天使たちが来てイエスに仕えた。

『聖書』新共同訳、日本聖書協会、二〇一二年

●「神は死んだ」とニーチェは言った

ニヒリズムに関して、もっとも重要でよく知られているのはニーチェの思想です。ニーチェが述べたとされる「**神は死んだ**」というフレーズは、近代もしくは現代の象徴的な言葉として、本来の意味を超えて人口に膾炙《かいしゃ》することになりました。

ニーチェの「神は死んだ」という言葉は『ツァラトストラはかく語りき』の中に書かれているといわれることがありますが、そうではありません。『ツァラトストラはかく語りき』の三年前に書かれた『悦《よろこ》ばしき知識』の中に見られます。

狂気の人間。——諸君はあの狂気の人間のことを耳にしなかったか、——白昼に提燈《ちょうちん》をつけながら、市場へ馳《か》けてきて、ひっきりなしに「おれは神を探している！　おれは神を探している！」と叫んだ人間のことを。——市場には折しも、神を信じないひとびとが大勢群がっていたので、たちまち彼はひどい物笑いの種となった。「神さまが行方《ゆくえ》知れずになったというのか？」と或る者は言った。「神さまが子供のように迷子になったのか？」と他の者は言った。「それとも神さまは隠れん坊したのか？　神さまはおれたちが怖くなったのか？　神さまは船で出かけたのか？　移住ときめこんだのか？」——彼らはがやがやわめき立て嘲笑《ちょうしょう》した。狂気の人間は彼らの中にとびこみ、孔《あな》のあくほどひとりびとりを睨《にら》みつけた。「神がどこへ行ったかって？」、と彼は叫んだ、「おれがお前たちに言ってやる！　おいらが神を殺したのだ——お前たちとおれがだ！　おれたちはみな神の殺害者なのだ！　だが、どうしてそんなことをやったのか？　どうしておれたちは海を飲みほすことができたんだ？　地平線をのこらず拭《ぬぐ》い去る海綿《かいめん》を誰がおれたちに与えたのか？　この地球を太陽から切り離すようなことを何かおれたちはやったのか？　地球は今どっちへ動いているのだ？　おれたちはどっちへ動いているのだ？　あらゆる太陽から離れ去ってゆくのか？　おれたちは絶えず突き進んでいるのではないか？　それも後方へなのか、側方へなのか、前方へなのか、四方八方へなのか？　上方と下方がまだあるのか？　おれたちは無限の虚無の中を彷徨《ほうこう》するように、さ迷ってゆくのではないか？　寂寞《せきばく》とした虚空《こくう》がおれたちに息を吹きつけてくるのではないか？　いよいよ冷たくなっていくのではないか？　たえず夜が、ますます深い夜がやってくるのでないか？　白昼に提燈をつけなければならないのでないか？　神を埋葬する墓掘人たちのざわめきがまだ何もきこえてこないか？　神の腐る臭いがまだ何もしてこないか？　――神だって腐るのだ！

神は死んだ！　神は死んだままだ！　それも、おれたちが神を殺したのだ！　殺害者中の殺害者であるおれたちは、どうやって自分を慰めたらいいのだ？　世界がこれまでに所有していた最も神聖なもの最も強力なもの、それがおれたちの刃《やいば》で血まみれになって死んだのだ、――おれたちが浴びたこの血を誰が拭いとってくれるのだ？　どんな水でおれたちは体を洗い浄めたらいいのだ？　どんな贖《しょく》罪《ざい》の式典を、どんな聖なる奏楽を、おれたちは案出しなければならなくなるだろうか？　こうした所業の偉大さは、おれたちの手にあまるものではないのか？　それをやれるだけの資格があるとされるには、おれたち自身が神々とならねばならないのではないか？　これよりも偉大な所業はいまだかつてなかった——そしておれたちのあとに生まれてくるかぎりの者たちは、この所業のおかげで、これまであったどんな歴史よりも一段と高い歴史に踏み込むのだ！」——ここで狂気の人間は口をつぐみ、あらためて聴衆を見やった。聴衆も押し黙り、訝《いぶか》しげに彼を眺《なが》めた。ついに彼は手にした提燈を地面に投げつけたので、提燈はばらばらに砕け、灯が消えた。「おれは早く来すぎた」、と彼は言った、「まだおれの来る時ではなかった。この怖るべき出来事はなおまだ中途にぐずついている——それはまだ人間どもの耳には達していないのだ。電光と雷鳴には時が要る、星の光も時を要する、所業とてそれがなされた後でさえ人に見られ聞かれるまでには時を要する。この所業は、人間どもにとって、極遠の星よりもさらに遙かに遠いものだ——にもかかわらず彼らはこの所業をやってしまったのだ！」——なおひとびとの話では、その同じ日に狂気の人間はあちこちの教会に押し入り、そこで彼の「神の永遠鎮魂弥撒曲《ちんこんみさ》」（Requiem aeternam deo）を歌った、ということだ。教会から連れだされて難詰《なんきつ》されると、彼はただただこう口答えするだけだったそうだ——「これら教会は、神の墓穴《ぼけつ》にして墓碑《ぼひ》でないとしたら、一体なんなのだ？」

ニーチェ『悦ばしき知識』理想社、一九六二年ニーチェは、これまで万物の創造主であり、すべての究極的な存在であった神や教会が現代においては十分な説得力を持っていないと指摘します。普遍的で真の実在としての神は無意味であるのに、虐げられた弱者は依然として慰めのためのよすがとして神に依存しています。大きな物語は喪失したのだ、とニーチェはいいます。

●神を失った現代社会は世界の深さを喪失する

ニヒリズム論を閉じるに際して、宗教哲学者の氣多《けた》雅子の考察を紹介しておきたいと思います。氣多は現代社会の中で、ニヒリズムが進行していると指摘しています。近代の歴史の進展はニヒリズムの進行の歴史であって、そこではニヒリズムを「脱する」べく提出された試みは次々と失効していきます。

行き着いた先は、世界のリアリティ、世界の「深み」の完全な喪失です。**「世界は、無機的宇宙における神の隠れ（キュルケゴールの内面性における神希求の帰着点）という、二重の神喪失を背負わざるを得ない」**と氣多は述べています。

氣多の考察を簡単に要約することはとてもできません。現代における神とニヒリズム、私たちのリアリティを論じた著作のごく一部を引用して終わりとしますが、ぜひトライして読んでみてください。

神の不在のリアリティは、特別なものでも抽象的なものでもなく、いま私が椅子に腰掛けて飲んでいるコーヒーの香り、口中に拡がるコーヒーの苦さや舌触り、コーヒーカップから伝わる熱さや陶器の質感、まさにそういったものの中に成立する。それは、この場合、コーヒーの香りや苦さのリアリティの底を掘り下げてゆくところに無が見出されるということではない。聖性の不在は、コーヒーの香りや苦さのリアリティが根本的に損なわれているという仕方で現前する何ものかである。この損なわれているという欠如は、それが本質的に惹起《じゃっき》するダイナミズムの故に、コーヒーの苦さのリアリティの上に次々と刻み込まれてゆくという性質のものである。神の不在のリアリティは限りない無の重層化の運動において維持され、それによって神の不在が世界の深さの次元を掘り起こしてゆくことができる。だが、現実は、そこに次々と無を背負い込まされることにどこまで耐えられるか。現実が損なわれることによって奥行きを生み出してゆくということは、現実に大変な負担を強いることになる。現実は果たしてそれにどこまで耐える底力をもつのか。

氣多雅子『ニヒリズムの思索』創文社、一九九九年

カール・マルクス（Karl Heinrich Marx 1818-1883）
極貧生活の中で書かれた主著『資本論』はのちの社会主義運動につながった。エンゲルスとともにマルクス主義とよばれる共産主義社会の理想を説いた。

ヒント６

神を否定する思想　②唯物史観

●「宗教はアヘンである」とマルクスは言った

唯物《ゆいぶつ》史《し》観《かん》とはマルクスが唱えた世界観で、史的唯物論、弁証法的唯物論ともいいます。同じような用語で唯物論というものがありますが、唯物論は、一般的には観念論（唯心論）に対する立場で、世界の根本的な実在を、精神的なものではなく、物質であるとみなす哲学的立場のことです。唯物論は古代から存在し、デモクリトスの原始論説などで知られています。デモクリトスによれば、物質は不連続であり、真空とそれ以上は分割することのできない最小の単位である原子（アトム）から構成されています。原子は感覚的性質を帯びておらず、物質の感覚的特性すべては原子の作用から生じます。デモクリトスのように世界の構成原理と作用を考えると、どこにも神の居場所はありません。神の存在は偏見によるものであり、無知の産物ということになります。

これに対してマルクスの立場は、自然や社会を超越的なものによって説明せず、科学的分析によって諸現象の発展法則を考究し、社会のために利用しようとするものです。マルクスが述べた有名な言葉**「宗教はアヘンである」**もこうした文脈で理解されないと、誤解を招くことになります。

マルクスの『経済学批判』（一八五九年）によると、歴史は原始共産制社会が解体した後、支配階級に対する被支配階級の闘争によって展開していきます。人類の歴史は生産形態によって原始社会、古代奴隷制社会、封建社会、資本主義社会へと展開し、その後社会主義社会、共産主義社会へといたって止まるとされます。人類は原始共産制の段階では狩猟生活を行っており、そこでは国家や階級といった概念は存在せず、平等に物を分け合っていました。しかしながら生産形態が発達していくと階級が生まれ、階級間の略奪《りゃくだつ》、闘争が起こります。こうした期間を経て最終的には国家や階級が存在しない、真に平等な共産主義社会へと到達する、という考え方です。

マルクスによれば、生産諸関係の総体である経済的構造が実在的な土台として社会の下部構造を形成しています。この下部構造の上に、法制的・政治的な上部構造がそびえたち、さらに文化やイデオロギーをはじめとした、一定の社会的意識諸形態が照応しています。物質的生活の生産様式が社会的・政治的・精神的な生活過程全般を制約するのであって、人々の意識が彼らの存在を規定するのではないとします。一般的に「下部構造が上部構造を規定する」と表現される公式です。

もちろんマルクスは、経済が私たちの意識のあり方を一方的に決定するなどと言っているわけではありません。その時代時代の思想や宗教のあり方は、それらが存在した時代の経済的契機によって大きく制約を受けると指摘しているのです。つまり、封建社会には封建社会を土台とした宗教の形態が強く表れるのであり、資本主義社会ではその経済的構造に影響を受けた宗教のあり方が生じると述べているのです。その時代の文化のあり方は社会の発展や進路に影響を与えますが、究極的に経済構造によって大きく規定されていて、その時代の性格を強く帯びています。

さて、マルクスのいう「**宗教はアヘンである**」という言葉ですが、彼の著書『ヘーゲル法哲学批判によせて』に記されています。

> 反宗教的批判の基礎は、人間が宗教をつくるのであり、宗教が人間をつくるのではない、ということにある。しかも宗教は、自分自身をまだ自分のものとしていない人間か、または一度は自分のものとしてもまた喪失してしまった人間か、いずれかの人間の自己意識であり自己感情なのである。しかし人間というものは、この世界の外部にうずくまっている抽象的な存在ではない。人間とはすなわち人間の世界であり、国家であり、社会的結合である。この国家、この社会的結合が

倒錯した世界であるがゆえに、倒錯した世界意識である宗教を生みだすのである。宗教は、この世界の一般的理論であり、それの百科全書的要綱《ようこう》であり、それの通俗的なかたちをとった論理学であり、それの唯心論《ゆいしんろん》的な、体面にかかわる問題であり、それの熱狂であり、それの道徳的承認であり、それの儀式ばった補完であり、それの慰めと正当化との一般的根拠である。宗教は、人間的本質が真の現実性をもたないがために、人間的本質を空想的に実現したものである。それゆえ、宗教に対する闘争は、間接的には、宗教という精神的芳香をただよわせているこの世界に対する闘争なのである。

　宗教上の悲惨は、現実的な悲惨の表現でもあるし、現実的な悲惨にたいする抗議でもある。宗教は、抑圧された生きものの嘆息であり、非情な世界の心情であるとともに、精神を失った状態の精神である。それは民衆の阿片である。

　民衆の幻想的な幸福である宗教を揚棄《ようき》することは、民衆の現実的な幸福を要求することである。民衆が自分の状態についてもつ幻想を棄てるよう要求することは、それらの幻想を必要とするような状態を棄てるよう要求することである。したがって、宗教への批判は、宗教を後光とするこの涙の谷（現世）への批判の萌しをはらんでいる。

フリードリヒ・エンゲルス（Friedrich Engels 1820-1895）
無職のマルクスと対照的にビジネスで成功を収め、マルクス一家を財政的に支援した。マルクス没後は膨大な遺稿を整理して『資本論』第２巻・第３巻を編集した。

マルクス『ユダヤ人問題によせて／ヘーゲル法哲学批判序説』岩波文庫、一九七四年

● 搾取《さくしゅ》を正当化するキリスト教のイデオロギー

マルクスや同じ考えを持つエンゲルスが、宗教に関してまず標的としたのは、当時のヨーロッパの支配的宗教であったキリスト教です。キリスト教に対する批判は大きく二点、キリスト教の教義に関する点と、キリスト教の社会的役割に関する点です。キリスト教の教義に関する批判としてよく知られているエンゲルス『反デューリング論』とレーニン『社会主義と宗教』から引用します。

いっさいの宗教は、人間の日常生活を支配する外的な諸力が、人間の頭のなかに空想的に反映されたものにほかならないのであって、この反映のなかでは、地上の諸力が天上の諸力の形態をとるのである。歴史の初期には、まず最初に自然の諸力がこういう反映の対象となるのであって、それらは、その後の発展につれて、さまざまな民族のあいだできわめて多様な、きわめて雑多な人格化をこうむる。（中略）

しかし、まもなく、自然の諸力とならんで、社会的諸力も作用するようになる。この社会的諸力も、自然の諸力そのものと同じように外的なものとして、またはじめには同じように不可解なものとして、人間に対立し、外見上同じ自然必然性をもって人間を支配する。

エンゲルス「反デューリング論・自然の弁証法」『マルクス・エンゲルス全集第二〇巻』大月書店、一九六八年

労働者の経済的抑圧は、不可避的に、あらゆる種類の大衆の政治的抑圧と、社会的屈辱《くつじょく》と、精神的、道徳的生活の粗暴《そぼう》化と暗黒化をよびおこし、生みだす。労働者は、その経済的解放の闘争のために政治的自由を多かれすくなかれ獲得することはできるが、しかしどんな自由も、資本の権力が打ちたおされないかぎり、彼らを貧窮《ひんきゅう》と失業と圧制から救い出すことはできない。宗教は、他人のための終身の労働と困窮と孤独にうちひしがれた人民大衆のうえに、いたるところでおおいかぶさっている精神的圧制の一形態である。自然とたたかうさいの未開人の無力が、神や悪魔への、奇蹟などへの信仰を生みだしているのと同じように、搾取者とたたかうさいの被搾取階級の無力は、不可避的によりよい来世への信仰を生

ウラジーミル・イリイチ・レーニン（1870-1924）
マルクス主義を受け継ぎ、ソ連共産党党首としてロシア革命を主導し、ソビエト連邦の初代最高指導者として君臨した。遺体は保存処置されて、モスクワのレーニン廟に現在も展示されている。

> みだす。一生涯働き、困窮している人に、宗教は、天国で恩賞をうける望みで慰めながら、現世での温順と忍耐とをおしえる。一方、他人の労働でくらしている人々には、宗教は、現世での善行をおしえ、彼らの搾取者としての存在全体のためにきわめて安っぽい弁解を提供し、天国の平安への入場券を手頃な値段でうりつける。宗教は人民の阿片である。宗教は一種の精神的下等火酒であって、資本の奴隷は自分の人間としての姿を、またいくらかでも人間らしい生活にたいする自分たちの要求を、この酒にまぎらわす。
>
> レーニン「社会主義と宗教」『レーニン全集第一〇巻』大月書店、一九五五年

ここで批判されているキリスト教は、人間の意識に反映された空想的で歪曲《わいきょく》されたイデオロギーです。このイデオロギーは、この世を超絶した権力者の後ろ盾《だて》を得ることで、大衆を支配します。マルクスやエンゲルス、レーニンはこうした宗教のあり方を徹底的に批判したのです。

キリスト教に対する第二の批判は、教義を背景にしたキリスト教の社会的役割に対するものです。先に「宗教はアヘンである」を含むマルクスの文章を示しましたが、キリ

スト教は封建社会においても資本主義社会においてももっとも保守的なイデオロギーを持った社会制度であり、人々の意識を支配し勤労者の精神を奴隷化する手段として搾取者階級により利用されてきた、とされています。キリスト教のあらゆる組織は、搾取を擁護《ようご》し、労働者階級の麻痺《まひ》に奉仕するところのブルジョア的反動機関である、というのが彼らの批判です。

●日本共産党は宗教をどう考えているか

史的唯物論に基づく無神論の主張が正しかったかどうか、それは歴史が判断することになります。歴史の発展段階説を唱えた史的唯物論によれば、資本主義社会は階級闘争と多くの社会的矛盾を抱えた社会であり、必然的に社会主義社会をへて共産主義社会へと向かうはずでした。しかしながら実際にはそうはなりませんでした。一度は実現したかに見えた社会主義社会や共産主義社会が、マルクスの唱えた本来の理想社会とはかけ離れた存在であったのでしょうか、それともマルクスが画《えが》いた発展段階に何らかの問題があったのでしょうか、あるいはマルクスが批判した資本主義社会に異なった性質が備わっていたのでしょうか。

ところで、日本の場合はどうでしょうか。日本共産党の機関誌『しんぶん赤旗』には、

「共産党は宗教や信仰を否定する政党ではないのか？」という質問に対して次のような回答が掲載されています。

〈問い〉日本共産党は、宗教を否定する政党ではないのですか。（中略）マルクスは「宗教はアヘンである」と言っています。（香川・一読者）

〈答え〉「宗教はアヘンである」という言葉は、当時25歳だった青年マルクスが使ったものですが、それ以前に観念論哲学者のヘーゲルや詩人ハイネも使っています。

マルクスの場合、「アヘン」という言葉の前に「宗教は、悩めるもののため息であり」といって、政治権力と結びついた当時のキリスト教が民衆の不満をおさえ、支配を保つ役割を果たしていることを批判しているのであって、宗教そのものを否定する意味で使っているのではありません。レーニンも聖職者の入党を認めるという態度をとりました。

日本共産党が指針とする科学的社会主義は、世界観としては宗教的世界観と異なりますが、宗教の存在を否定して宗教の廃止を主張するものではないこと、宗教には社会進歩に貢献してきた歴史もあること、未来社会においても宗教を信ずる人びとの信教の自由は保障されなければならないことなどを解明してきました。日本共産党綱領《こうりょう》は「信教の自由を擁護《ようご》し、政教分離の原則の徹底をはかる」と明記しています。「しんぶん赤旗」には連日のように宗教者が登場しており、この綱領を決めた日本共産党第23回大会では、党と宗教者との協力をどう綱領に盛りこむかが討議のテーマの一つとなりました。日本共産党が宗教者の信条を尊重し、共同を重視していることの現われです。宗教者の入党も当然のこととして認められています。

『しんぶん赤旗』二〇〇七年四月七日

ヒント7　神を否定する思想　③精神分析

神や宗教を否定する立場には、他にもまだいくつもの理論、見解があります。精神分析学の創設者であるジークムント・フロイトも宗教に対する厳しい批判を行ったことでよく知られています。

ジークムント・フロイト（Sigmund Freud　1856-1939）
オーストリアの精神科医。無意識に注目して精神分析の基礎を築いた。医学分野の発展だけでなく、現代思想や哲学に与えた影響も大きい。

フロイトは宗教を一種の幻想であり、人間の本能的願望に迎合する産物だと指摘しています。なぜ人間は霊魂の不滅や死後の世界を創り出すのでしょう。それは、人間が愛する人の死という悲しみに耐えられず、この世ではないどこかで生きていると考えたいという感情や願望のためです。そうすることで死のつらさに耐えられるようになり、慰《い》撫《ぶ》されるからです。

またフロイトは、エディプス・コンプレックスから宗教が生まれた、とも述べています。エディプス・コンプレックスとは、女性も富もすべての権力を一手に握っている独裁的な父親に対して敵対心を持った子どもが、父親を殺すことによって女性を獲得し平等に分かち合う社会を作ろうとするのですが、父親を殺害した後で思慕の念が起こり、罪の意識を持ち、父親を神として祀《まつ》るようになるというのです。

フロイトはもともと自然科学者でしたので、彼の思想的背景には唯物論的な科学観がありました。心の世界にも自然科学と同じような決定論的な法則が存在していて、その法則によって心は動いていると考えるのです。

誤解のないように付け加えておきますと、フロイトは宗教のあり方すべてを否定したわけではありません。彼は宗教が人々の不安を和らげ不幸に慰めを与える点では、科学は宗教にかなわないと述べていますし、宗教の持つ倫理的機能をも評価します。

近年、脳科学と宗教との関わりを論じる書籍が複数発行されて注目を集めています。文部科学省は脳科学研究戦略推進プログラムを実施し、社会に貢献する脳科学が標榜《ひょうぼう》されています。DNAをはじめとする人体の科学的探求の著しい進歩は脳（こころ）の領域にも及んでいます。もし、「こころ」と呼ばれるものが脳を流れる微弱な電波の発生や組み合わせによって生まれるものだとしたら、宗教や神の存在もまた電気信号の作用ということになるのかもしれません。

脳科学と宗教に関しては、現在、ホットな議論や考察が続いていますので、興味を持った人はぜひ『脳科学は宗教を解明できるか——脳科学が迫る宗教体験の謎』（春秋社、二〇一二年）や『21世紀の宗教研究——脳科学・進化生物学と宗教学の接点』（平凡社、二〇一四年）など、実際の本や論文にあたってみてください。

第２問 まとめ

ヒント１◆ホーキングは神の存在を否定する

↓ビッグバンによる宇宙発生の解明は聖書の天地創造神話を否定する根拠となる。

ヒント２◆アインシュタインによれば宗教と科学は調和する

↓真の信仰は科学を否定するものではない。

ヒント３◆神がいたから地動説が生まれた

↓ガリレイは神の御業を明らかにするために天文学を研究した。

↓科学と宗教は対立するものではない。

ヒント４◆月から地球を見た宇宙パイロットの転身

↓二人の宇宙飛行士は宇宙で神を感じ、信仰に帰依した。

ヒント５◆神を否定する思想　①ニヒリズム

↓ドストエフスキー、ニーチェは既成の価値観を否定した。

↓ニヒリズムが進行する社会は深みとリアリティを喪失する。

ヒント6◆神を否定する思想　②唯物史観

↓マルクスは宗教を民衆の幻覚的幸福とみなし、現実的幸福を妨げているとした。

↓エンゲルス、レーニンもキリスト教は搾取を正当化する手段であるとして否定した。

ヒント7◆神を否定する思想　③精神分析

↓フロイトは宗教を人間の本能的願望をかなえるための想像の産物とした。

↓フロイトによれば、宗教は精神的な父殺しの罪意識から生まれた。

第3問

宗教団体はアブナイの？

宗教の話題は世間話のネタには向かない、という説がある。
神道、仏教、キリスト教から新宗教まで、日本には多くの神々が共存し、
多くの宗教的行事が共栄している。
それなのに、「宗教団体」という言葉のもつネガティブなイメージもまた、
不思議なほど共有されている。
さて、あなたは宗教団体にどんなイメージをもっているだろうか?
あなたも、宗教団体は大キライ?

一言に宗教団体といっても、神道系、仏教系、キリスト教系から新宗教まで、日本には約一八万の宗教法人があり、その活動内容は千差万別です。

文化庁の『宗教年鑑』に掲載されている各宗教の信者数（自己申告）を合計すると、約二億人となり、日本の人口をはるかに超えてしまいます。二億人の内訳は、一億人が神社の氏子《うじこ》、八四〇〇万人がお寺の檀家《だんか》、一九二万人がキリスト教徒で、その他の信者数は九五〇〇万人ほどとなっています。二億人という数値は教団が自己申告した信者数の合計です。そのために日本人の総人口を上回ることになりました。

一方、世論調査によれば、特定の教団に入っていると回答する日本人は約一割ほどです。つまり、データを見るかぎり、日本人が十人いればそのうちの一人が特定の教団の信者ということになるのです。けれど、この数字もまだ現実離れしていてピンとこないと感じる方が多いのではないでしょうか。

ここでは、日本人と宗教団体の関係を考えてみましょう。

ヒント1　みんな宗教団体が大キライ!

みなさんは宗教団体をどう思いますか。次の枠の中にさまざまなイメージが書いてあります。あなたが「宗教団体」について抱くイメージをいくつでも選んでみてください。

Qあなたは、宗教団体に対して、どのようなイメージを持っていますか。いくつでも選択してください。

1　心・精神的
2　伝統行事・冠婚葬祭
3　御利益
4　伝統文化
5　神秘的
6　超能力
7　怖い・ぶきみ
8　教祖の強い個性

9　金もうけ主義
10　強引な勧誘
11　内部抗争・分裂

大学では、学生さんたちにテーマを与えてレポートを課す機会が数多くあります。宗教社会学の授業で、宗教団体に対してどのようなイメージを持っているか、そのイメージはどのように形成されたものなのかをレポートしてもらいました。

百一名のクラスでしたが、驚いたことに百名が三つの言葉でレポートを書き始めていました。つまり、宗教団体は「ヤバイ」「アブナイ」「危険」でした。九九％の学生さんが宗教団体に対して否定的な見解を述べたことになります。たった一人だけ、宗教団体の持つ重要さを指摘した学生さんがいましたが、彼女はカトリックの信者でした。

ところで皆さんは質問に対してどのような回答を選択したでしょうか。私は同じ項目を使って世論調査をしたことがあります。ただ、「宗教団体」のイメージを尋ねたのではなく、もう少し具体的に神道（神社）、仏教（寺院）、キリスト教（教会）、新宗教別に聞きました。どれも宗教団体ですが、日本人のイメージは神社と新宗教では大きく異なっていることが想定されたからです。

図表1　宗教団体のイメージ

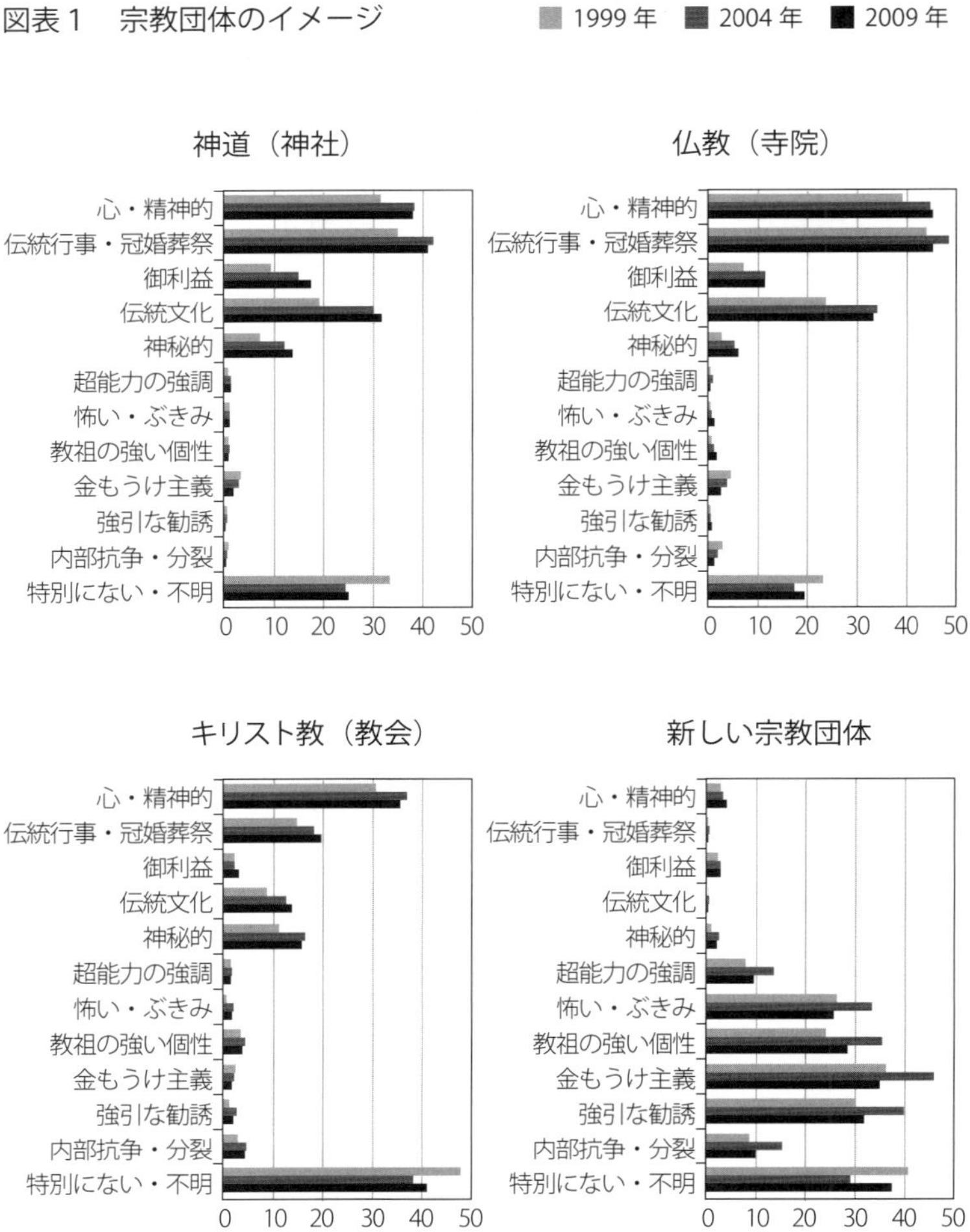

図表２　宗教団体の信頼度　(2009年)

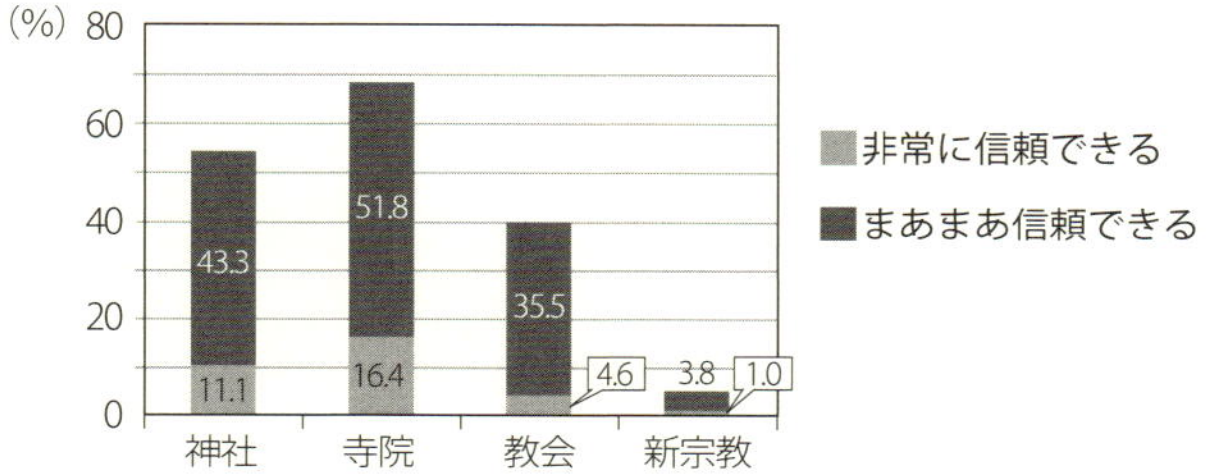

世論調査によると、現代日本人の「宗教」に関するイメージは「精神的」「こころ」が一般的です。ところが、同じ質問でも「宗教」ではなく「宗教団体」になると回答が大きく異なります。図表１は、宗教団体のイメージに関する調査結果です。神道（神社）、仏教（寺院）、キリスト教（教会）、新宗教別にイメージを質問しています。

四つのグラフを眺めると、神道（神社）と仏教（寺院）が非常によく似た形状をしているのに対して、新宗教がまったく異なっていることがわかります。キリスト教（教会）は神道（神社）と仏教（寺院）に近いようです。

神道（神社）、仏教（寺院）では「心・精神的」「伝統行事・冠婚葬祭」「伝統文化」に集中しているのに対して、キリスト教では「心・精神的」「伝統行事・冠婚葬祭」に次いで「神秘的」という選択肢が選ばれています。

ところが、新しい宗教団体の場合は、批判的な項目に回答が集中していることがわかります。「金もうけ主義」「強引な勧誘」「教祖の強い個性」「怖い・ぶきみ」などの項目が上位に並びます。ひょっとして皆さんが選択したのもこうした項目ではないでしょうか。

図表３　宗教団体とのトラブル（1999 年調査）

◆あなたの家族や親戚あるいは知人が宗教団体に入会して困ったことがありますか。この中から１つだけあげてください。

（%）

1	困ったことがある	9.0
2	今でも困っている	1.0
3	そのような経験はない	86.5
4	知人に誘われて自らも入会した	1.0
5	その他	0.1
6	わからない	2.4

新しい宗教団体の評判の悪さはこれだけではありません。宗教団体の信頼度（図表２）を見てください。伝統的な宗教団体と新しい宗教団体の図を比較すると、まったく異なっていることがわかります。「信頼できる」とする人は数％に過ぎません。

新しい宗教団体のイメージや信頼度はどうしてこんなに悪いのでしょうか。私がレポートを課した学生さんのうちの九九％の否定派は、どうして宗教団体に対してこのような見解を持つようになったのでしょうか。「そんなこと当たり前」なんでしょうか。

レポートからは自分や家族などが実際に被害を受けたなどの実例はありませんでした。数例でしたが、友達、あるいは友達の友達が被害にあったという報告がありました。図や表ばかりで恐縮ですが、図表３「宗教団体とのトラブル」を見てください。

八七％の回答者が「そのようなことはない」と回答しています。トラブルに遭って困っている人は一割ですが、この割合が多いか少ないかはよく考えないといけないでしょう。それでも、大半の人は、実際にトラブルに遭ったことはないようです。ほとんどの人が宗教団体を危険視することと、実際には被害に遭ったことはないという事実には、どのようなからくりがあると思いますか。

こうしてみてくると、私たちは宗教団体に対して二つの大きな偏見もしくは先入観を持っていることがわかります。ひとつは、宗教団体（とくに新宗教に対して）は危険だとする認識。今ひとつは、自分たちは宗教団体に入っていない、という認識です。データの詳しい説明については、拙著『データブック現代日本人の宗教　増補改訂版』（新曜社、二〇〇七年）を参照ください。

先入観１　宗教団体は危険だ

先入観２　私たち日本人は宗教団体に入っていない

ヒント２　神社やお寺は宗教団体ではない？

宗教団体のイメージや信頼についての説明ですでに出てきましたが、私たちは神社や寺院を宗教団体とは思っていないようですが、実際は神社や寺院もれっきとした宗教団体です。つまり、私たちは日頃から宗教団体との関わりを持っていることになります。

次の文章は、アメリカの雑誌『タイム』が日本人の宗教生活について報告したものです。内容には誤りも多々見られますが、日本人と宗教団体との関わり方がよく示されています。

▶考えてみよう
下の引用文には日本の風習を間違って伝えている点があるが、どこだろう？

白戸慶子は生まれて間もなく、華やかな絹の布に包まれ、両親に抱かれて、お宮参りをした。そこでは、白装束の神主が長寿と健康を祈って祝福を与えた。また、少女時代の三度の誕生日にも神社を訪れ、神を呼び起こすため、柏手《かしわで》を打ち鈴を鳴らして参拝した。一九八〇年、慶子は吉凶を占う仏教の暦に従って、吉日に結婚式の日取りを選んだが、東京の高級ホテル内の小さな教会でフィアンセとのあいだに交わした誓いの言葉は、キリスト教スタイルだった。いま二六歳で一児の母でもある慶子は、いつか自分は仏式で埋葬され、墓には子孫が毎年訪れて仏僧とともに供養をしてくれるものと思っている。

慶子にとって、こうした宗教の折衷《せっちゅう》はごく自然なことである。「わたしは先祖を尊敬していますから、それを仏教を通じて表わしています」と彼女は説明する。「日本人ですから、神道のきまりも守ります。でも、キリスト教式で挙式すればきっときれいだろうなって思ったんです。矛盾しているかもしれませんが、それがどうだというのかしら」。

『ＴＩＭＥ日本特集　模索する大国日本』タイム・ライフ・ブックス、一九八三年

私たち日本人は、人生の節目節目に、また季節の折々に、神社やお寺、あるいは教会へ行きますが、自分たちは宗教団体の信者ではないと思っています。図表４と図表５を見てください。「自分は宗教団体に入っている」という質問に「はい」と答えた人の割合と、その主だった宗教団体名です。

私たちは神社やお寺に行きますが、ただ参拝に行くわけではありません。もう少し深い関わりを持っています。大半の日本人はその家の墓が寺院にあります。年会費も納めていますし、お盆やお彼岸《ひがん》にはお墓参りをし、お寺から塔婆《とうば》を出してもらいます。近親者が亡くなったときには、お寺か、あるいは会館でお坊さんに葬儀をしてもらうのが一般的です。私たちは檀家《だんか》といって、寺院に所属している信徒ということになっているのです。

図表4　宗教団体に帰属する人の割合

(%)

年	2000	2001	2002	2003	2004	2005	2006	2007	2008
JGSS*	6.8	7.1	8.1	8.4	—	8.1	8.2	—	—
宗教意識調査	—	—	—	8.8	—	—	—	—	6.8

＊ JGSS は日本人の意識や行動を総合的に調べる社会調査を実施し、二次利用を可能にするデータを公開するプロジェクト。

図表5　帰属する宗教団体（JGSS）

(%)

年	2000	2001	2002	2003	2005	2006
仏教	8.8	8.7	7.1	8.2	11.0	9.5
禅宗（曹洞宗・臨済宗）	3.2	3.1	2.2	1.8	1.8	2.4
天台宗	0.3	0.5	0.2	0.4	0.3	0.5
浄土宗	2.0	1.6	1.4	1.5	2.0	1.3
浄土真宗（本願寺・門徒宗・南無阿弥陀仏）	7.8	6.6	6.0	7.1	7.6	8.0
真言宗	2.2	2.6	1.9	2.1	2.4	2.2
日蓮宗	1.9	1.6	1.9	1.0	1.3	1.4
神道	0.9	0.6	0.3	0.3	0.6	0.3
キリスト教	0.4	0.6	0.6	0.9	0.8	0.5
カトリック	0.2	0.0	0.1	0.4	0.3	0.2
プロテスタント	0.1	0.2	0.1	0.2	0.0	0.2
創価学会	2.0	1.7	2.4	2.4	2.2	2.5
立正佼成会	0.2	0.1	0.3	0.2	0.1	0.3
幸福の科学	0.0	0.0	0.0	0.1	—	0.1
天理教	0.4	0.5	0.5	0.8	0.5	0.3
真如苑	0.1	0.2	0.1	0.2	0.0	0.3
金光教	0.1	0.1	0.0	0.2	0.3	0.0
日蓮正宗	—	—	—	—	0.5	0.7

※ 数値は JGSS の結果を回答者全体に占める割合に直したもの。「0.0」は、実際に回答者はいるが全体に占める割合が 0.05 以下の場合、「ー」は、該当者がいない場合

神社との関わりが深い人も少なくないはずです。祭りのときに中心となって活動している人たちがいます。神社の境内《けいだい》にはお祭りや建築の際の奉納者名簿が貼られています。私たちは氏神を奉祀《ほうし》する集団、氏子《うじこ》ということになっています。

つまり、私たちはれっきとした檀家であったり、氏子であったり、その両方であったりするにもかかわらず、私たちは自分を寺院や神社の信者だとは思っていません。だとすると私たちが「宗教団体」だと思っているものはかなり偏ったものではないでしょうか。宗教団体というと、私たち日本人は、キリスト教の教会や新宗教教団をまず思い浮かべるようです。会員として正式に登録し会費を納める。毎週定期的に教会や支部に通って行事に参加する。教義を学び日常生活において規則や戒律を守る、というイメージでしょうか。ですが、実際にはもっと幅広いものなのです。

●非宗教的な集団が宗教集団になるって？

宗教集団について宗教学ではどのように捉えているかを考えてみましょう。

まず宗教集団を合致的（自然的）宗教集団と独自的宗教集団の二つに分けて考えることにしましょう。この分類はドイツの宗教社会学者ヨアヒム・ヴァッハが試みたものです。

合致的（自然的）宗教集団とは、非宗教的な契機による集団がそのまま宗教団体となっ

図表6　宗教団体の分類

合致的 宗教団体	非宗教的な契機による集団がそのまま宗教団体となっている集団
独自的 宗教団体	宗教がその集団を結成する第一次的契機となっている集団 ●チャーチ　●セクト　●カルト

ているような場合をいいます。未開や古代において典型的に見られる類型ですが、自分が生まれた社会関係の中で、地縁や血縁によって当然のようにある宗教を受け入れることを意味しています。特定の開祖や教義、経典を持たず、伝承された神話と儀礼によって宗教生活が営まれます。

未開社会の事例を紹介しましょう。宗教社会学者のエミール・デュルケムはオーストラリア原住民のもっとも古い宗教の在り方を考察しています。オーストラリア諸社会の生活は異なった二つの様相をとっています。ひとつは乾季の生活で、人口は小集団に分散して食料として必要な植物の採集、狩猟や漁猟を行います。生活は変化のない沈滞した生気に乏しいものとなります。

ところが雨季になると、砂漠の様相は一変し、人々が集い、祭りが行われます。原住民は歌い踊り、喧噪《けんそう》の中で興奮していきます。該当する部分を一部引用してみます。

夜の帷《とばり》が落ちるとすぐ、炬火《かがりび》の光の下であらゆる種類の行列・舞踏・歌謡が行なわれる。こうして全般的な興奮状態が盛り上っていく。定まった時刻に、十二人の助手が各自に燃えている大きな一種の松明《たいまつ》を手にし、その中の一人が自分のそれを銃剣のようにかざして一団の原住民に向かって突撃する。（中略）人々は跳び上り、激憤し、野生の叫びを発する。輝く松明は、頭や身体を打っては砕けとび、四方に火花を撒《ま》き散らす。（中略）このような激動の状態に達したら、人はもはや何も知覚しなくなる。それは容易に推測できることである。人は、自分自身をいつもとは異なって考えさせ、働かせる一種の外的力能に支配、指導されている、と感じ、当然にもすでに彼自身ではなくなったという感銘を受ける。彼にはまったく新らしい存在になったように思われる。彼が着けた異様な装飾・顔を被うさまざまな仮面は、この内的変容を具体的に描き出すだけでなく、その要因としても寄与するのである。しかも、時を同じくして、彼の仲間もまたみな同じ様式によって変容すると感じ、彼らの感情を叫びや所作や態度によって表示するので、すべてが通常住んでいるのとはまったく違った特別の世界・彼を襲って転生させる例外的に強度な力にみちた環境へと実際に移し変えられたかのようになる。（中略）

したがって、宗教的観念が生まれたと思われるのは、この激昂《げっこう》した社会的環境における、この激昂そのものからである。

エミール・デュルケム『宗教生活の原初形態 上』岩波文庫、一九四一年

ここまでの熱狂感、陶酔感ではないとしても、似たような体験をしたことはないでしょうか。ワールドカップやももいろクローバーZなどのコンサートでは、似た雰囲気を感じることがあります。

日本は未開社会ではありませんが、自分が生まれた社会関係の中で当然のように宗教を受け入れる機会が存在します。

さきほど述べたお墓参りはどうでしょうか。日本人は宗派を開いた宗祖への信仰ゆえにお彼岸やお盆に参拝するのではありません。熱心に墓参りに行く人でも、自分の寺院が何宗か、宗祖は誰でどのような教えを説いたのか知らない人は少なくありません。日本人がお寺に行くのは、そこに御先祖様（**血縁**）が祀られているからです。そしていつか自分もご先祖様の列に加わることが予定されています。

神社でのお祭りへの参加や初詣《はつもうで》もそうしたものでした。村人が総出で村の鎮守様《ちんじゅさま》のお

祭りに参加するのは、自覚的意識的な信仰以前に、地域社会が安泰《あんたい》で豊作であることを祈るため（**地縁**）です。それゆえに転居してしまえば、転居先の神社の氏子となります。日本の企業の中には社運隆昌《りゅうしょう》や安全祈願のために神社を祀っている会社が少なくありません。これも**社縁**によるもので、信仰が前提になっているわけではありません。転職して別の会社に勤めるようになって、その会社が別の神様を祀っていれば、そちらの神様に参拝することになるのでしょう。

●独自的宗教集団の種類

これに対して**独自的宗教集団**は、宗教じたいがその集団を結成する第一次的契機となっている集団を指しています。自分の意志によって、その宗教を選び、その宗教集団の一員となる場合で、通常私たちが宗教団体と考えているものです。

独自的宗教集団にもさまざまなタイプを見ることができます。ここではエルンスト・トレルチの分類を紹介しましょう。彼は、歴史的経緯を踏まえながら、宗教団体に**チャーチ**、**セクト**、**ミスティック**（**カルト**）という分類を設けました。ヨーロッパの宗教団体とその発展過程を前提にしているので、私たち日本人にはわかりにくいところや、日本の宗教団体をそのまま当てはめることが無理な部分もありますが、順番にみていきましょう。

チャーチとは、中世末期から近世初期のヨーロッパのキリスト教を念頭に置いた教団類型で、中世のカトリックを典型とします。信者は出生と同時に幼児洗礼を経て、当然のように教会の構成員になります。神の恩寵《おんちょう》と人間の救済は、教義と教会で行われる儀礼を通して成就されることになります。秘儀《ひぎ》を行う聖職者と、それを受ける俗人とは区別されています。政治的権力者と相互に助け合う関係になっているので、この世の状況には妥協的です。一般的に、国教といったものが該当します。

セクトとは、中世のワルド派、カタリ派など異端として弾圧された運動や、カトリックから分離したプロテスタンティズムの諸派を想定して作られた分類で、自覚的・意識的に自らが選択して入信します。神の恩寵と個人の救済は、自らの「主観的」な意識と体験によって確認されます。聖職者は教師であって、チャーチのように聖職者と俗人が二分されていません。現世に対してはプロテストの姿勢を持ち、世俗的権力には反発する傾向があります。

近代になって、伝統的な宗教を背景にして生まれた宗教団体は、基本的にセクトと考えることができます。私たちが「宗教団体」と言われたときに浮かべるイメージは「セクト」が近いように思います。セクトに関する著名な研究者ウィルソンの説明をみたいと思います。

セクトは、宗教的反抗の運動である。セクトの会員は教義、儀礼、制度の点で、また往々にしてその他の多くの日常生活の諸領域において、他の人々から分離している。彼らは正統派の宗教指導者の権威、また往々にして世俗権力の権威を拒否している。セクトに対する信奉は自発性にまっているが、しかしその加入が許されるかどうかは、ただ個人の信仰心の証明、あるいはその他の業績の審査によっている。また永続的に会員であることが認められるのには、セクトの教義と儀礼などを遵守《じゅんしゅ》する証明が、たえず必要とされる。セクトの会員は、なによりもまず信条を強調する。彼らは、それにしたがって自分らの生活を規制する。

ブライアン・ウィルソン『セクト』平凡社、一九七二年

ウィルソンは、セクトの具体的な事例として、エホバの証人（Jehovah's Witness）、クリスチャン・サイエンス（Christian Science）、末日聖徒イエス・キリスト教会（The Church of Latter-Day Saints、通称モルモン教）といった教団や、日本の創価学会、立正佼成会も挙げています。

最後に**ミスティク（カルト）**ですが、これはチャーチやセクトとはかなり異なっています。ミスティク（カルト）では、神との合一という個人の内面的体験が強調されます。チャーチやセクトが集団であるのに対して、極めて個人的な宗教、もしくは熱心な小集団によって構成される集団を意味します。

ところで、現在カルトといえば、オウム真理教や法《ほう》の華《はな》三法行《さんぽうぎょう》のように、**反社会的で暴力的、あるいは詐欺的な宗教団体**のことを指します。学術用語としてのカルトと、私たちが用いる「カルト」とは意味内容がずいぶんと異なっています。

日本ではあやしげな新しい宗教団体を新興宗教や新宗教と呼ぶのが一般的でしたが、一九九〇年代になって社会とのトラブルを起こす宗教団体が目につくようになり、当時アメリカで用いられていた「カルト」がメディアによって使われるようになりました。そして、この言葉が決定的な意味を持つようになったのが一九九五年のオウム真理教による地下鉄サリン事件でした。

宗教団体が社会に対してどのような意味を持つのか、この点はこの章の最後に考えることにして、代表的なカルトの定義を載せておきます。皆さんはどう思いますか。納得できますか。

反カルト論者のカルトの定義

●マートンの定義

(G. Merton, *Encyclopedic Handbook of Cults in America*, 1992)

1 信者は、救世主と信じる強力な指導者に絶対的服従を誓う。
2 合理的思考を禁じる。
3 人をだまして、信者を勧誘する。
4 信者が抱える問題を解決するために、信者に教団への依存心を植え付け、心理的に無力にする。
5 教団に都合の良いように、信者の罪の意識を操作する。
6 教団指導者が、信者の経歴や人生の決定のすべてを代行する。
7 社会的改良のために活動するという偽の目的を掲げ、実際は教団の物質的存続にのみ腐心する。
8 信者は、無料もしくは非常にわずかの報酬で、教団のためにフルタイムで奉仕する。
9 信者を外界から隔離し、現実感覚を失わせる。
10 反女性、反子ども、反家族。

11　世界の終末が近づきつつあり、自分たちだけが終末後も生き残ることができると信じる。

12　目的は手段を選ばず、がモットー。

13　財政状態を秘密にする。

14　暴力的雰囲気がつきまとう。

(M. Singer, *Cults in Our Midst*, 1995)

●シンガーの定義

1　自分には人生で果たすべき何か特別な使命があり、特別な知識を持っている、と主張するひとりの指導者によって創設される。

2　指導者は自らを崇拝の対象とし、独裁的権力を振るう。

3　巧みに組み合わされた説得法（マインドコントロールとか、もっと一般的に洗脳とも呼ばれる方法）を利用し、信者を服従させる。

代表的な団体は以下の通り。①新興キリスト教派、②ヒンドゥ教などの東洋宗教、③オカルト、魔術、悪魔主義、④心霊術、⑤禅などの中国・日本の神秘哲学、⑥エスニックグループ、⑦ＵＦＯ等の外宇宙現象、⑧心理学、心理療法、⑨政治集団、⑩自己啓発、精神修養

●宗教団体はなぜできる？

あらためて、なぜ、宗教団体はできると思いますか。宗教社会学の定義からは神社やお寺が宗教団体だとはいっても、実感としてはわからないでしょう。ここにもうひとつ偏見が潜んでいるのではないでしょうか。

先入観３　集団は宗教とは関係なく成り立っている

むしろ**集団はすべからく宗教性を有する**、と考えた方が実態に近いかもしれません。社会学の基礎概念のひとつに第一次集団と第二次集団という考え方があります。私たちは人の中に生まれ落ち、集団の中で生きていきます。けっして一人では生きていけません。集団は私たちにとって、程度の差はあれ、不可欠で関わり合いを避けることのできないものです。

第一次集団は基礎的集団で、直接的接触に基づく成員間の親密な関係を特徴としています。一体感、連帯感が強く、家族、近隣集団などが例として挙げられます。家族や隣三軒両隣の関係が良好かどうか、本当に一体感が強いかどうかは別として、家族や隣人は、他の集団とは質的に異なっています。

▶考えてみよう
自分が所属している集団を第一次集団と第二次集団にわけてみよう。
それぞれにシンボルはあるだろうか。

他方で第二次集団は、会社、政党、趣味の仲間などで、間接的な接触を基本としていて、意識的に形成されることを特徴としています。成員が同じ関心を持ってはいますが、構成員の人生や生活の一部を共有するだけで、全人格的な交わりや理解を求めることはありません。

こうした集団、とくに自分たちが生きていく上で重要な家族や地域社会がいつまでも続くように、あるいは集団としてのまとまり（統合）が強くなるようにしようとすれば、何か集団の中心となるような人（物）、シンボルや理念が必要となります。そうした人物はカリスマやご先祖様のような特別な人がふさわしいでしょう。シンボルや理念は世俗的な安っぽいものではなく、この世を超越したような意味を持っているのがふつうです。ただし、すべからく集団は、小は家族から大は国家まで、宗教性、聖なる属性を持つと考えてもいいと思います。

第二次集団も、間接的な接触を基本としてはいても、対立する集団が現れたり、競争となったときには団結が求められ、宗教性が生まれる契機が潜んでいます。ところで、自分の意志で参加する第二次集団としての宗教団体があります。こうした集団になると、集団内で地位や役割の体系が設けられ、宗教に関する知識や儀礼への理解や知識の偏重が生じます。制度としての階層も生じます。私たちが宗教団体としてイメージし、嫌うのはこちらの集団です。

ヒント3　宗教は平和に貢献する？　それとも戦争のもと？

この問いかけも二者択一ではありません。私たちが社会生活を送る以上、集団への関わりは不可欠であり、集団は程度の差こそあれ何らかの形で宗教性を持つとすれば、それこそ多様な集団が存在することになります。

●オウム真理教事件

まず、カルトの代表的な事例として取り上げられるオウム真理教による事件をみておきましょう。一九九五年に発生したオウム真理教による地下鉄サリン事件は、宗教団体による未曾有の事件でした。しかしながらすでに二〇年が経過しようとしています。社会を震撼《しんかん》させた事件も風化を免《まぬか》れることはできないようです。

地下鉄サリン事件をはじめとしたオウム真理教による一連の事件は次のようなものです。オウム真理教被害者対策弁護団の弁護士・坂本堤さん一家殺害事件（一九八九年）、裁判官を殺害する目的でサリンを撒《ま》いた松本サリン事件（一九九四年）、財産を奪う目的で目黒公証役場事務長・仮谷清志さんを拉致《らち》監禁し殺害した事件（一九九五年）、複数の地下鉄に毒ガスサリンを撒いた地下鉄サリン事件（一九九五年）、ほかにも覚醒剤や銃器の密造など、事実が明らかになるにつれて、オウム真理教は日本社会を震撼させることになりました。

教祖の麻原彰晃《あさはらしょうこう》（本名松本智津夫）は、一九五五年熊本県八代市に七人兄弟の四男として生まれました。先天性緑内障で左目がほとんど見えず、県立盲学校で一四年間を過ごします。鍼灸《しんきゅう》師の資格を獲得して一九七七年に上京、船橋市内で鍼灸師として治療を行いながら東大を受験しますが失敗。翌年、船橋市内で漢方薬局を開業しますが、一九八二年薬事法違反で逮捕、略式起訴されています。

麻原は上京と同時に気学、四柱推命《しちゅうすいめい》などの運命学や仙道に関心を持ちはじめ、ヨーガ実践や阿含宗《あごんしゅう》入信を経て、一九八四年に渋谷でヨーガの修行道場を開きました。翌年、空中浮遊を体験し、神奈川県の三浦海岸で神からシャンバラ王国建設の使命を受けたとし、一九八六年には渋谷区桜丘町のマンションで「オウム神仙の会」を発足しました。その後、「オウム真理教」と改称し、本格的な教団活動を開始しました。一九八九年八月二五日、東京都から単立宗教法人として認証され、翌年には富士宮に富士山総本部道場を建設しました。

この頃からオウム真理教の布教活動に対して社会的な批判が活発になりました。宗教法人の認証を受けた二か月後には『サンデー毎日』が教団の反社会性を取り上げて、七回にわたる告発キャンペーンを行いました。教団の出家制度によって信者とその家族との連絡が困難になったり、出家の際に多額のお布施《ふせ》が渡されることなどが問題となり、一九八九年に「オウム真理教被害者の会」が結成されたのです。

教団の形成当初は、ヨーガの修行による病気治癒や空中浮遊などの超能力獲得に中心が置かれていましたが、その後、さまざまなイニシエーションを経て解脱《げだつ》を目指す指向性が強まっていきました。教団の教義も、シバ神を崇拝し、すべての生き物を輪廻《りんね》から救済するヨーガの世界観から、オカルト的な階層的宇宙観に移っていきました。一九九三年以降は、終末論思想が前面に押し出されるようになりました。

地下鉄サリン事件は一九九五年三月二〇日月曜日の午前八時ごろ、混雑する東京の地下鉄で起こりました。丸ノ内線、日比谷線、千代田線の地下鉄車内で、化学兵器である神経ガス、サリンが撒かれました。その結果、乗客と駅員一三人が死亡し、六〇〇〇人を超える負傷者が出ました。事件の現場は生中継され、日本全体が騒然となりました。

二日後の三月二二日、警視庁捜査本部は東京、山梨、静岡のオウム真理教の施設二五か所を家宅捜索しました。そしてついに五月一六日、教祖の麻原彰晃は、教団施設に隠れているところを逮捕されました。二〇〇六年九月一五日、最高裁判所は特別抗告を棄《き》却《きゃく》し、麻原への死刑判決が確定しました。

なぜオウム真理教がこうした事件を起こしたのか。教義ゆえなのか、それとも組織の暴走なのか、あるいはカリスマ的な指導者のせいなのか。今もって教祖は何もしゃべらず、事件の真相は闇の中です。

地下鉄サリン事件が起こって二〇年が経ちました。事件の深刻さを知っていただくために、地下鉄サリン事件の実行犯である林郁夫の手記と被害者のインタビューを読んでみてください。

電車に乗るべき時刻が近づいたため、私は一両目のドアのところに並びました。進行方向から見て、二番目のドアでした。私は列のいちばん前に並んでいました。ひそかに列を観察すると、私の列には女の人も子供もいませんでした。そして、隣の列を見ると、そこにも女や子供はいませんでした。

私は「女と子供は並ぶな」と、心のなかで念じていました。すると、男の人に対してだって、なんの恨みもないのだし、いくら戦争だといっても、殺されたり、殺したりするのはいかにも辛い。なんとかならないのか、しかし、やらなければならない、などという思いが浮かんできて、心が動揺し、なおも葛藤がつづいていました。

電車が停車して、ドアが開き、人波に押されるようにして中に入りました。始発ではないため、車内はすでにかなりの乗客でつまっていました。まわりの人たちは公安警察や検察といった国家権力を代表する人たちばかりではないのだ。あ、いっそ、自分もいっしょに死んだほうがいい。だが、それもできない。私がオウムの信者だとわかったら、オウムの犯行だということがバレてしまう。なんのためにやったのか、ということになってしまう。

そんなことを考えているときでした。乗り降りで人の位置が固定してみると、驚いたことに、私の右斜め前に白いコートを着た女性がいたのです。私は「どうか、早く降りてくれ、降りてください」と祈るような気持ちでした。そして、「どうして早く降りてくれないのか」と、怒りにも似た感情まで浮かんできて、またものすごい葛藤が出てきました。

他人だから、やろうというのか。他人だから、死んでもいいと思っているのか。

いや、そうではない。オウムの信者だとわからなければ、私だっていっしょに死ねる。それくらいの覚悟はしている。他人だからというのではない。いまはやらなければならないからやるのだ。

そのような葛藤のいっぽうで、どうやって実行するのかも考えなくてはなりませんでした。電車が目的の駅に近づいたら、新聞紙で一つに包んだ二袋のサリン袋を床に落として、ドアが開く瞬間に刺して、電車を降りることにしました。

そうこうするうちに、電車は新御茶ノ水駅に近づき、そのことを告げるアナウンスも聞こえました。電車が減速しだすと、私は弾かれたように行動していました。いつの間にか、サリン入り袋二袋を一つにまとめた新聞包みを床に滑り落としました。私がその新聞包みが床に落ちたのを確認したとき、まさにその包みのすぐそばに、白いコートを着た女性の足と靴があったのです。

もう、新御茶ノ水駅でした。この女性の足は、向きを変えようともしませんでした。私は、この人を殺してしまうのだ、と思いました。私は麻原の顔を思い浮かべました。「ああ、申し訳ありません。真理を守るためなのです。戦争なのです。高い世界へポアされてください」と、心のなかで叫びました。

電車が停止し、乗客が降りようと動く気配をみせていました。私は傘の先で、袋の包みを突きました。一回目は弾力を感じ、抵抗感が抜けて、「プシュッ」という手応えが傘の柄を通して伝わってきました。もう、ドアが開いて、人が動き始めていました。私はもう二度ほど突いたつもりでしたが、人に押されるようにして電車を降りました。

私は白いコートの女性が、気がかりでした。そして、どのような人たちがその車両に乗ってくるのかも、気にかかりました。しかし、もうやってしまったのでした。私は、いまにも悲鳴が聞こえ、電車は発車せず、大騒ぎが起きると、首をすくめるような感じを抱きながら、すぐにも聞こえるであろう悲鳴に心の準備をして、人込みのなかを改札口のほうへ歩いて行きました。

林郁夫『オウムと私』文春文庫、二〇〇一年

私は普段、体の具体が悪くなるというようなことはほとんどない人なんですが、その三月二〇日は朝から体調が悪かったんです。ものすごく悪かった。でも出勤しようと電車に乗って、東西線を降りて大手町で千代田線に乗り換えて、「今日は調子良くないなあ」って思いながら、何気なくふうっと息を吸い込んだら、その

ままいきなり息が止まってしまったんです。
そのとき私は千代田線のいちばん前の車両に乗っていました。そうすると霞ヶ関駅に着いたときに、日比谷線の乗り換え口にいちばん近いんです。電車はそんなに混んではいませんでしたね。座席はいちおう全部埋まっていましたが、立っている人はぱらぱらという感じでした。向こうまで見渡せるぐらいのものです。
私は運転席のある最前部のところに立って、ドアの手すりにつかまっていました。そして今言ったようにふうっと息をしたら、急に苦しくなった。いや、苦しくなったというようなものじゃありませんでした。ほんとうに「直撃された」というか、突然まるっきり息が停まってしまうんです。それ以上吸うと、内臓がそのまま全部口から出てくるような、そんな強烈な感じでしたね。真空状態みたいになったことが、まず一回ありました。これは私の体調が悪いせいかなとも思ったんですが、いくら体調が悪くてもここまではならないだろうというぐらいでした。それくらいすごかったんです。(略)
しばらくして、またなんとか息ができるようになりました。しかし霞ヶ関に着くひとつ手前の日比谷駅を過ぎたあたりで、今度はものすごく咳が出るようになってきたんです。そのころには車内でも、みんなごほごほと咳をし始めていました。

> 何か車内の様子が変だという感じはありました。まわりの人たちもざわざわとしてきて……。
> 電車がとにかく霞ヶ関に着きましたので、私は何も考えずにそのままぱっと降りました。でもほかの乗客が何人か電車を降りて、そこにいた車掌さんに「ちょっとおかしいから来てくれ」というようなことを言って、その人を車両の中に連れていきました。そのあとを私は見ていませんが、そこにあったサリンの包みをその車掌さんが外に持ち出して、その後で亡くなってしまったんです。
>
> 村上春樹『アンダーグラウンド』講談社文庫、一九九九年

宗教団体による詐欺的行為や犯罪、事件はオウム真理教事件以後も少なくありません。法の華三法行による詐欺事件、明覚寺による霊視商法、自称祈祷師《きとうし》による詐欺事件、霊《れい》示気学《じきがく》二穣会《にじょうかい》の不当献金事件、ライフスペースの傷害致死容疑事件、加江田塾ミイラ事件、ホーム・オブ・ハートのセミナー事件、聖神中央教会による傷害事件、紀元会（大和神社）集団暴行事件、高島易断総本部に業務停止命令などなど。それぞれの事件がどのようなものであったかは、ぜひ自分で調べてみてください。

図表７

学校数	52,671
コンビニ	51,814
宗教法人	182,253

こうした事例を数多く説明すると、いかにも宗教団体は暴力的で金集めの集団であるかのように見えてきます。私たちの周りに宗教団体は数多く存在しています。図表7をご覧ください。宗教法人数は私たちの生活に欠くことのできない学校やコンビニの数よりもずっと多いことがわかります（執筆時点での最新データ）。もし宗教団体がそんなに危険な集団なのだとしたら、この数をどう考えればよいのでしょうか。

●宗教団体の社会貢献活動

近年、宗教者や宗教団体が積極的に社会との関わりを持とうとする活動を社会貢献活動というようになっています。一般的にいって、広く宗教と社会との関わりの中で、宗教団体による社会的弱者への取り組みは社会福祉の文脈で語られてきました。それゆえに、宗教福祉は今に始まったことではなく、聖徳太子による敬田院《きょうでんいん》、施薬院《せやくいん》、悲田院《ひでんいん》、療病院《りょうびょういん》の事業、行基《ぎょうき》による架橋や灌漑《かんがい》施設の設営などが先駆的業績として記されています。その後も平安時代の空海による満濃池《まんのういけ》の治水事業、空也の井戸の掘削、鎌倉時代の祖師たちもまた民衆との深い結びつきの中で慈善活動を行ってきました。それは近世、近代になっても変わることはありませんでした。

図表８　著名なキリスト教系大学・病院

プロテスタント系大学	立教大学 青山学院大学 国際基督教大学 明治学院大学 同志社大学 東京女子大学 東洋英和女学院大学
カトリック系大学	上智大学（イエズス会） 南山大学（神言会） 聖心女子大学（聖心会） 白百合女子大学 （シャルトル聖パウロ修道女会）
医科大学・病院	聖路加国際大学 聖マリアンナ医科大学 慈恵病院 淀川キリスト教病院 聖母病院

明治以降にキリスト教が教育、医療の領域で果たした役割の大きさはよく知られています。現在多くのキリスト教精神に立脚した大学や病院が存在しています。いわゆるミッション系といわれるキリスト教系の大学は八〇ほどあり、非常に人気が高い大学が少なくありません。

キリスト教の活動ではその他にも廃娼《はいしょう》運動（国家が営業許可を与えた娼婦制度を廃止しようとする運動）など、近代化していく日本社会の中で女性の地位の回復を目的とした先駆的な運動を展開しました。そうした活動の母体となった日本キリスト教婦人矯風《きょうふう》会において、廃娼運動で活躍した久布白落実《くぶしろおちみ》の活動を少し紹介します。

大正五年四月十五日、時の大阪府知事大久保利武は、大阪飛田の地に二万坪の大遊郭地を指定した。明治四十五年一月、難波新地の貸座敷から火が出て大火事となり、遊郭が焼失したのをとらえて、反対運動がおこり、廓清会と矯風会がおおいに活躍した結果、ついに二月に府令がでて、難波新地遊郭の貸座席免許が取り消しになり、反対運動は戦果を挙げたわけだが、飛田の指定は難波（七千坪）の代地なりというわけである。反対運動は当然おこった。

ここで廓清会のことをしるしておきたい。明治四十四年四月七日、東京の吉原遊郭が全焼した。くるわは火事の多いところで、吉原は明暦以来、二十二回目の火事だとか。かつて日本語で世界に通用した数少ないことばの一つにヨシワラがありゲイシャガールがあるが、そのヨシワラが焼けたとのニュースは世界にひろがり、英国の廃娼同盟会は幹事グレゴリー氏を応援のために日本に派遣したくらいである。矯風会の矢島会頭は未だ灰もぬくもる九日に、早くも反対運動をおこした。公娼廃止に関する陳情書をもち、内相を訪問、警視総監、東京市長（尾崎行雄氏）もたずねて要望した。そしてキリスト者を中心とした有志の廃娼演説会が市内各地でおこなわれたし、廃止請願書には市民の署名がぞくぞく集まった。激しい反対運動をよそに、吉原遊郭は仮営業を許可され、あるものは本建築にとりかかった。ここで反対運動に従事した人たちは、廃娼団体の結成をいそいだのである。五月二十四日、第一回の創立委員会をひらき、幾度かの会合ののち、七月八日、盛大な発会式を神田美土代町青年会館であげた。
久布白落実『廃娼ひとすじ』中央公論社、一九七三年

日本キリスト教婦人矯風会の活動を初め、長い間廃娼運動は続けられましたが、なかなか廃止には持ち込めませんでした。戦後ＧＨＱが公娼制度の廃止命令を出しましたが、実態としてなくならず、昭和三一年になって売春防止法が制定され、ようやく公娼制度は終わりを告げることになります。

先に仏教が福祉の草分けともいえる活動において重要な役割を果たしてきたことを述べましたが、こうした伝統は今日まで脈々と続いています。

教誨《きょうかい》という制度を知っていますか。教誨とは「刑務所、拘置所など刑事施設に収容されている者の、宗教的要求を満たし、心情を安定させ、規範意識を覚醒させるために、民間の篤志家である宗教家が施設内で行う宗教活動」（『平凡社世界大百科事典』）のことをいいます。宗教者しか従事することができません。日本で教誨が始まったのは明治時代にさかのぼります。明治五年（一八七二）に浄土宗真宗大谷派の仰明寺対岳が巣鴨監獄において、同派の鵜飼啓潭が名古屋獄舎において、教誨活動を開始しています。それ

以来現在まで、全国の施設で一八〇〇人以上の教誨師が活動しています。

次の文章は、全国教誨師連盟が創立五〇周年を記念して刊行した『宗教教誨　聞き手の想い　語り手の思い　こころの豊かさを求めて――教誨師と被収容者の心の交わりそして宗教教誨の実践記録から』より、少年施設に収容されている人の実際の感想文を引用したものです。

教誨に導かれて（千葉刑務所）

私は入所時から二十年間、宗教行事には全て出席して参りました。私は人の命を奪うという大罪を犯してしまった者です。如何《いか》なる時も、手を合わせる機会があれば、その都度《つど》心を尽《つ》くすべきなのです。しかしその裏側に未だに信仰心を抱くことのできない己《おのれ》が居《お》ります。キリスト教の宗教教誨に出席させて頂き、聖書を何度通読しても見いだすことのできない答えがあるのです。（中略）もし本当に神や仏が存在するのなら、何故《なぜ》罪を犯す前に私を縛《しば》ってくれなかったのか。何故罪に依《よ》って命を奪われなければならない人が居《い》るのか。そして永遠に赦《ゆる》されることのない罪を負う私を、何のために生かし続けるのか……。

私は数年前、他施設で職業訓練を受けさせて頂きました。そのため一時、教誨の籍が無かったある日のことです。私は庁舎の玄関で修繕作業をしておりました。すると私が出席していた教誨の先生が通り掛かったのです。御高齢の先生はゆっくりと歩みを進められ、階段を登り始めました。とその時、とても不自然な姿勢で転倒してしまったのです。職員先生と私は急いで駆け寄り助け起こしたのですが、瞼《まぶた》の上に血が滲《にじ》んでいます。先生は「大丈夫、大丈夫」と笑顔を作っておられたのですが、床の上の眼鏡はレンズが外れ、フレームも曲がっていました。そして私たちより驚いた教誨の職員先生が丁度《ちょうど》迎えに見え、その日の教誨へと向かって行かれました。「いろいろな事情で、会に出席できない人たちにも、神の恵みがありますように」

今日も教誨でそう祈って下さるのだろうと思うと、その後の作業がとても価値のあることのように思えたのを覚えています。

教誨の席が空き、再び出席させて頂くことができるようになった時、その先生はすでに亡くなられておりました。

「ありがとう」

それが先生に頂いた最後の言葉でした。

私は一連の偶然の出来事を思いました。そして私の手元に残された感謝の言葉を見つめるうちに、ふと思ったのです。大罪を犯し、生涯を償《つぐな》う身にあっても、生きていればどこかで人の役に立てることもある。しかしそれ以上に、多くの人達に支えられていることを忘れてはならない、と……。

感謝という言葉で思い出す、もう一つの出来事があります。構外で作業をしていた囚友が、教誨師の先生が車で帰るのを見たというのです。その時、教誨担当の職員先生が、その車が見えなくなるまで、頭を深く下げ見送っていたというのです。私は人間の素晴らしさを一人で味わわせて貰《もら》った心地になりました。そこには損得とは無縁の、人間の優しさがあふれているのです。そして、そんな心の潤う話を聞かせてくれる囚友もいるのです。

私は宗教行事や教誨に出席させて頂く中で、これまで見えていなかった世界が開けてきたように思います。人は慈愛《じあい》や奉仕の心からあふれてくる言葉や行為に依って、救われていくのだと感じはじめております。それは各々の教誨師の先生が、宗教家である以前に同じ人間である、という姿勢で私たちに手を差しのべて下さっているからだと思います。

私の目の前で転倒された先生は、それを証しとするために血を滲ませて見せてくれた……今はそのように思えてなりません。

生きているだけで宝、と申します。教誨師の先生方は、その宝を磨く方法を示して下さっているのだと思います。でも、実際に磨き輝かせることができるのは自分しか居ないのだと分かって参りました。感謝と奉仕の心で、その宝を懸命に磨いていけば、私の犯してしまった罪の意味も、真の裁きと共に受け留めることのできる日々が来るのだと思います。

私は施設で二十年以上、事故ひとつ無く過ごさせて頂きました。それは周囲の人に恵まれ、環境にも恵まれていたからだと思います。その中でも、心の暗がりに直《じか》に光を当てて下さる教誨という場が、どれほど大切であったか測り知れません。そして償いの道を歩む今、この様な気持ちで生かされている日々を、幸せだと感じることができるようになりました。

感謝の日々です。

全国教誨師連盟『宗教教誨　聞き手の想い　語り手の思い　こころの豊かさを求めて
——教誨師と被収容者の心の交わりそして宗教教誨の実践記録から』二〇〇六年

教誨は強制ではありません。あくまで希望者に対して宗教者が応じるものです。

社団法人シャンティ国際ボランティア会も長い活動実績を持ったボランティア団体です。もともとはタイに逃れてきたカンボジア難民の救援を目的に曹洞宗《そうとうしゅう》東南アジア難民救済会議として一九八〇年に出発しましたが、その後、曹洞宗国際ボランティア会と改称、現在の名称にいたっています。タイ、ラオス、カンボジアで保育園や学校を建築したり、教材の制作や図書館活動など、教育や文化の支援を行ってきました。

神道は日本の伝統文化として、地域社会の維持発展を中心に存続してきたために、事業としての福祉活動は必ずしも積極的に行われてきたわけではありません。しかしながら、こうした見方は「福祉」をどう捉えるかといった時代の規定によるもので、神道も民衆や地域社会との多様な関わりの中で重要な役割を果たしてきたことは明らかです。戦後に神社本庁という組織体が形成されてからは、多くの神職が教誨師や民生委員をはじめ、地域と深い関わりをもつ福祉事業に従事しています。

新宗教団体でも社会活動はごく当たり前のように行われています。近代化、大衆社会の中から生まれてきた新宗教は、持ち前の大衆の力を糧にして、平和運動や海外援助など活発に活動しています。立正佼成会のアフリカに毛布を送る運動は一九八四年に始まってから三〇年になります。四〇〇万枚ほどの毛布がエチオピアやモザンビークなどアフリカのさまざまな国に送られてきました。金光教では金光教平和活動センターや金光教国際センターが設けられ、多様な活動を展開しています。

東日本大震災が起こってから、四年がたとうとしています。進まぬ復興は天災ではなく人災です。宗教者・宗教団体による震災への支援は、平成七年（一九九五）の阪神淡路大震災と比較して、大規模、組織的かつ継続的に実施されてきました。そのための会議や作業に、個々の教団や連合体がどれだけの時間や物資、人出を費やしてきたか、そして現在も多様な形で地域や人々を支援しようとしているかは、想像の域を超えるものです。

阪神淡路大震災の時と異なって、活動に関する記録は飛躍的に多くなったように思います。教団によっては冊子を刊行しているところもあれば、ホームページで随時状況や経過を掲載している教団も数多くあります。日本宗教連盟でも、平成二四年（二〇一二）二月号「日宗連通信」で、連盟協賛五団体（教派神道連合会、財団法人全日本仏教会、日本キリスト教連合会、神社本庁、新日本宗教団体連合会）の対応を特集で扱っています。こうした点では、ほとんどすべてといっていいほどの教団が、何らかの支援活動に関わったと考えていいと思います。

●低い宗教団体の活動の認知と評価

宗教団体の活動や宗教研究者の積極的な関わりをずっと見続けていると、震災と宗教との関わり、もうすこし視野を広げれば、宗教と社会との関わりが密になったような感じを受けます。多くの日本人も同様に、こうした活動を評価しているに違いないと考えるわけです。

しかし、冷静に考えて、信仰を有する者の割合が三割を切り、宗教団体への批判的な態度が強い現在、一般の日本人は宗教団体の社会貢献活動を本当に認知、評価しているのかはわかりません。

公益財団法人庭野平和財団は平成二四年四月に「宗教団体の社会貢献活動に関する世論調査」を実施しました。東日本大震災前の二〇〇八年に行って以来、二度目の調査です。調査は宗教団体の行う多様な社会活動に関する認知や評価を明らかにするためで、今回は、東日本大災害の直後からの支援活動に関する項目が加えられました。この調査の結果から、一般の日本人が宗教団体の活動をどのように捉えているのか、実情を把握してみようと思います。

まず、宗教団体の社会貢献活動全般の認知ですが、宗教団体の行ってきた学校教育活動、病院運営などの社会貢献活動の認知は三四・八％で、必ずしも高いとはいえませんでした。

図表9　宗教団体の行う社会活動の認知

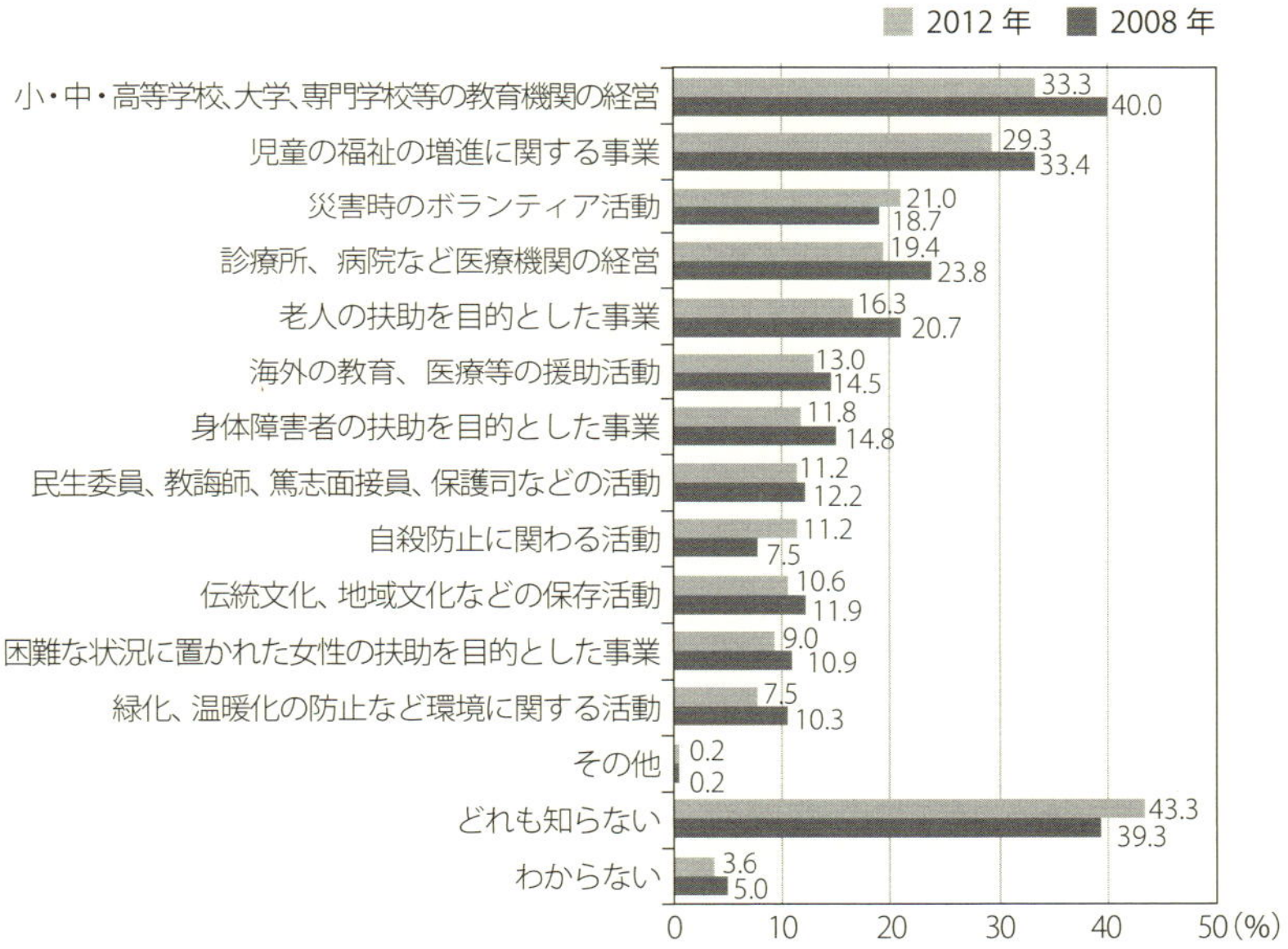

もっとも認知率が高いのは「小・中・高等学校、大学、専門学校等の教育機関の経営」で三三・三％でした。「どれも知らない」が四三・三％ともっとも多かったことは、予想されたとはいえ、私にはかなりのショックでした（図表9）。

宗教団体の行う社会貢献活動に対する評価でもっとも多い回答は、「宗教団体がこのような社会活動を行っていたことを知らなかった」で二四・一％でした。次は「宗教団体が勝手にやっていることで、やってもやらなくてもどちらでもかまわない」（二三・一％）で、全体としての傾向は「無関心」です。否定的な回答はほとんど見られませんが、「たいへん立派な活動で、もっと活発に行ってほしい」は二割ほ

図表10　宗教団体の行う社会活動の評価（%）

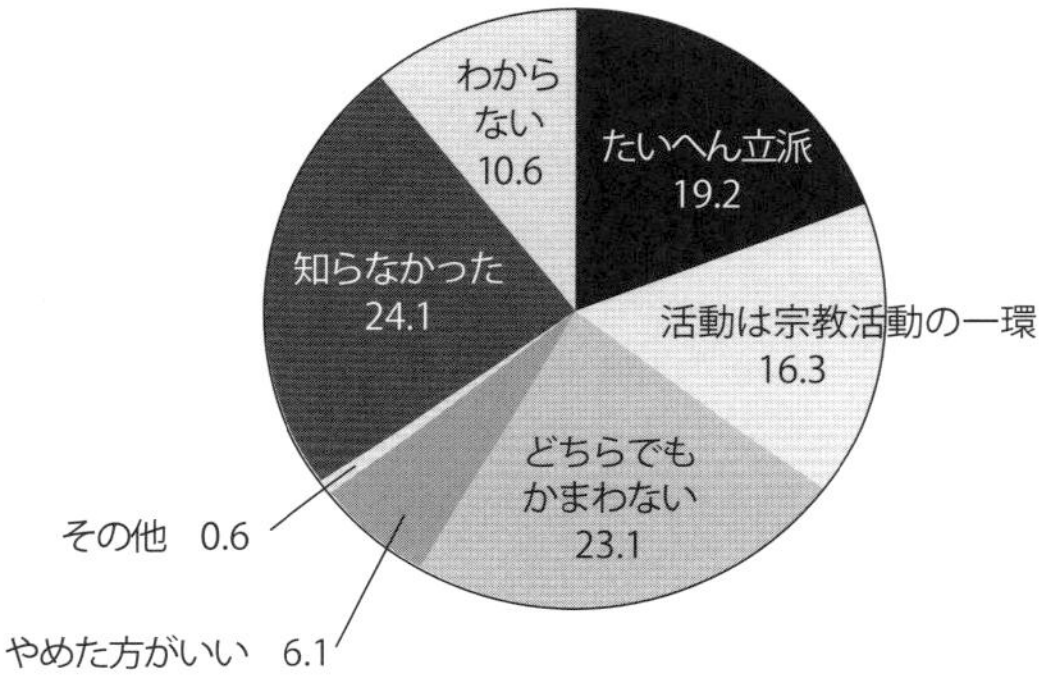

どにとどまっています（図表10）。

調査は東日本大震災から一年が経過しての時点で行われたにもかかわらず、宗教団体の社会貢献活動に関する認知や評価は、大震災が発生する前と、まったくといっていいほど変わりませんでした。それは被災地である東北地方の回答でも同じでした。

東日本大震災についての質問ですが、東日本大震災における宗教団体の支援活動で、もっとも「知っている」活動は「神社や寺院、宗教団体の建物が避難場所となっていた」で二九・七％でした。つぎは「僧侶が亡くなった人の葬儀や慰《い》霊《れい》を行っていた」で二六・九％、「神職が慰霊《いれい》を行っていた」の一二・三％を合計すると葬儀や慰霊が四割近くになります。「炊き出しなどの支援物資の提供」は一二・九％でした。

他の項目はどれも一割以下にとどまりました。宗教者本来の活動である「宗教者が避難所や仮設住宅で被災者の心のケアにあたっていた」（一二・四％）、「宗教者が復興祈念を行っていた」（一一・七％）は一割ほどでした。

他方で「ひとつも知らない・わからない」とする回答者が

▶考えてみよう

74頁で答えたあなたの宗教団体に対するイメージは変わっただろうか、それとも同じだろうか。その理由はなんだろう？

五割ほどもいました。東日本大震災における宗教団体の支援活動は、必ずしも周知の事実とはなっていないのが現状です。宗教団体が行ったほうがよい活動についても、「亡くなった人の葬儀や慰霊を行う」が三割近かった他は、「宗教者が積極的に被災者を訪ねて心のケアにあたる」「心の相談窓口を設ける」「復興を祈る」はどれも二割ほどに止まりました。調査の結果をどうご覧になるでしょうか。ここに示された結果は、宗教団体やその活動に対する批判というよりも無関心といったほうがいいものです。

ごく単純な言い方をすれば、一般的な支援活動は受け入れるが、慰霊や葬儀を除いた、布教につながるような活動は拒絶するという態度を見て取ることができるでしょう。国際宗教研究所主催のシンポジュウムでうかがった、仙台で被災支援活動を行っている川上直弥日本基督教団仙台市民教会主任担任牧師の話が印象的でした。宗教は私的事柄として認識されており、被災地では宗教的ケアといった支援活動は歓迎されていないというのです。

●宗教団体とのつきあい方を考える

多くの日本人にとって宗教団体は、人生や一年の節目に行われる宗教的行事のときのみ必要とするものであって、布教や入信はお断り、といった構図が見えてきました。けれど、宗教者の多くは単なる教団活動を超えて、人々が幸せになるための活動をしています。

「宗教団体なんて自分とは無関係」と簡単に思わないで、宗教団体の行う活動を虚心坦懐《きょしんたんかい》に見つめ、評価すべきだと思います。たしかにテレビや週刊誌で報じられる、宗教団体が引き起こすセンセーショナルな事件も存在します。それはそれで十分な注意を払うとしても、私たちは宗教団体を一律に「アブナイ」「ヤバイ」で切り捨てる先入観をいったん棄てて、宗教団体の持つ社会的文化的意味を再確認する必要がありそうです。

そのことが、これからの日本社会をより精神的に豊かにしていくことにつながるのではないかと思います。

第３問　まとめ

ヒント１◆みんな宗教団体が大キライ！

↓宗教団体には「ヤバイ」「アブナイ」「危険」なイメージがつきまとっている。

ヒント２◆神社やお寺は宗教団体ではない？

↓神社のお祭りへの参加やお墓参りはれっきとした宗教行事である。

↓血縁、地縁、社縁という宗教的契機からは無縁でいられない。

↓宗教団体を合致的、独自的、あるいはチャーチ、セクト、ミスティック（カルト）に分類して考えてみる。

ヒント３◆宗教は平和に貢献する？　それとも戦争のもと？

↓オウム真理教事件が与えた衝撃は大きかった。

↓教誨師は社会にとって欠かせない存在になっている。

↓多くの宗教団体は社会貢献活動を続けているが、世間からの認知や評価は高まっていない。

第4問

信仰心はどこから来るの？

信仰を持っている人は強い。

さまざまな迫害に耐え、差別に屈することなく、信仰者は時に歴史さえ動かしてきた。

しかし、その情熱そのものが、信仰を持たない者から見れば、恐れや不安の対象になるのかもしれない。

人はどのようにして強い信仰心に目覚めるのだろう。

ここでは入信の動機や方法、信仰心を保ち続けるしくみについて考えてみたい。

人はなぜ信仰を持つことができるのでしょうか。ごく普通の日本人として、信仰がなくてもなんの支障を感じることなく生活している自分としては、不思議に感じることがあります。現代社会と宗教を研究テーマとしていますので、日頃から多くの宗教者の方と接する機会があります。それこそ信仰に凝《こ》り固まっていて、こちらの話にいっさい耳を貸さないという人も時にはいます。でも大半は、穏やかな人柄で、ぶれないというか、心に芯《しん》を持った生き方をされているのだなと、うらやましく思うこともあります。「それじゃあ信仰を持てばいいじゃないか」ということになるのですが、なかなかそうはいきません。

ヒント１
信仰を持つきっかけはなんだろう

信仰者はどのようにして信仰を持つようになるのでしょうか。子どもの頃から教会や教団支部に連れて行かれて自然と信仰を持つようになることもあるでしょう。神社や寺院の後継者の場合には、宗教的な環境の中に生まれてくるわけですし、生活の場がそのまま宗教施設ということになります。後継することに葛藤もあるかもしれませんが、信仰は生まれてきそうに思えます。

「信仰を持つ」ということについて、宗教学でよく知られている「回心《かいしん》」という学術用語があります。回心は劇的な心の転換を伴う宗教行動です。つまり、回心とは宗教的に生まれ変わることを意味しています。

「突発的に起こった烈《はげ》しい宗教体験によって、それまでの不安定な心身の状況が、転じて安定した状態になり、宗教的自我が発見されるような心理的・身体的変化をさして回心と呼ぶ」（高木きよ子「回心」『宗教学事典』東京大学出版会、一九七三年）。

体験を通して宗教的に自我が統一されるわけで、宗教者に感じる落ち着いた雰囲気やどっしりとした人生観はこうしたことから生じるのでしょう。

回心の代表例として使徒パウロの事例が取り上げられます。ラビ（ユダヤ教の宗教的指導者）の熱心な学徒であったパウロは、イエスを神の律法を乱す異端者、不届き者と考えました。イエスの言葉を神に対する冒涜《ぼうとく》と思い、烈しい怒りを覚えました。そして、イエスの信者の群れを一掃すべく、迫害のために立ち上がり「男であれ女であれ、縛り上げて獄に投じ、彼らを死に至らしめた」（使徒言行録22・4、9・2）。パウロがイエスの声を聞いたのは、ダマスコノの信徒を撲滅《ぼくめつ》するために向かう最中でした。声を聞いたパウロは、突然の体験（回心）を経て、熱心なキリスト教徒に生まれ変わります。

　さて、サウロ〔パウロのユダヤ名〕はなおも主《しゅ》の弟子たちを脅迫《きょうはく》し、殺そうと意気込《いきご》んで、大祭司のところへ行き、ダマスコの諸会堂あての手紙を求めた。それは、この道に従う者を見つけ出したら、男女を問わず縛《しば》り上げ、エルサレムに連行するためであった。ところが、サウロが旅をしてダマスコに近づいたとき、突然、天からの光が彼の周りを照らした。サウロは地に倒れ、「サウル、サウル、なぜ、わたしを迫害《はくがい》するのか」と呼びかける声を聞いた。「主よ、あなたはどなたですか」と言うと、答えがあった。「わたしは、あなたが迫害しているイエスである。起きて町に入れ。そうすれば、あなたのなすべきことが知らされる。」同行していた人たちは、声は聞こえても、だれの姿も見えないので、ものも言えず立っていた。サウロは地面から起き上がって、目を開けたが、何も見えなかった。人々は彼の手を引いてダマスコに連れて行った。

　サウロは三日間、目が見えず、食べも飲みもしなかった。

　ところで、ダマスコにアナニアという弟子がいた。幻の中で主が、「アナニア」と呼びかけると、アナニアは、「主よ、ここにおります」と言った。すると、主は言われた。「立って、『直線通り』と呼ばれる通りへ行き、ユダの家にいるサウロという名の、タルソス出身の者を訪ねよ。今、彼は祈っている。アナニアという人が入って来て自分の上に手を置き、元どおり目が見えるようにしてくれるのを、幻で見たのだ。」

　しかし、アナニアは答えた。「主よ、わたしは、その人がエルサレムで、あなたの聖なる者たちに対してどんな悪事を働いたか、大勢の人から聞きました。ここでも、御名《みな》を呼び求める人をすべて捕《と》らえるため、祭司長たちから権限を受けています。」すると、主は言われた。「行け。あの者は、異邦人《いほうじん》や王たち、またイスラエルの子らにわたしの名を伝えるために、わたしが選んだ器《うつわ》である。わたしの名のためにどんなに苦しまなくてはならないかを、わたしは彼に示そう。」

　そこで、アナニアは出かけて行ってユダの家に入り、サウロの上に手を置いて言った。「兄弟サウル、あなたがここへ来る途中に現れてくださった主イエスは、あなたが元どおり目が見えるようになり、また、聖霊《せいれい》で満たされるようにと、わたしをお遣《つか》わしになったのです。」すると、たちまち目からうろこのようなものが落ち、サウロは元どおり見えるようになった。そこで、身を起こして洗礼《(バプテスマ)》を受け、食事をして元気を取り戻した。

『聖書』新共同訳、日本聖書協会、二〇一二年

信仰を持つとは、このパウロの例のように、しばしば劇的な宗教体験を伴うことが期待されます。しかしながら、必ずしも回心が生じるわけではなく、紆余曲折《うよきょくせつ》を経て信仰が確立される場合も少なくないようです。

『余《よ》は如何《いか》にして基督信徒《きりすとしんと》となりし乎《か》』を著した内村鑑三《うちむらかんぞう》は**「余の回心は多くの他の回心者のそれよりもっと頑固なものであった。忘我《ぼうが》恍惚《こうこつ》、突如《とつじょ》たる霊的光明《こうみょう》の瞬間は皆無《かいむ》ではなかったけれども、余の回心は遅々として漸次《ぜんじ》に進行した。余は一日で回心しなかったのである」**と述べています。

近代日本を代表するキリスト者であった内村鑑三は、この本で、キリスト教と出会い、迷いながらどのようにして信徒になっていったかという過程を「余」という一人称の日記スタイルで書きつづっています。札幌農学校に入学した内村は、キリスト教への改宗を迫る上級生に抵抗していましたが、親友の新渡戸稲造《にとべいなぞう》が契約書に署名したことを契機にして強制的に受洗入会をさせられることになります。

カレッジ〔札幌農学校〕の世論はあまりにつよく余に反対であった。それに対抗することは余の力におよばなかった。彼らは左に掲げる契約に署名するよう余に強制した、どこか極端な禁酒論者が手に負えない酔払《よっぱら》いを説き伏せて禁酒誓約に署名させるやり方であった。余はついに屈した、そしてそれに署名した。余はかような強制に屈服せずに踏みとどまるべきであったかどうか、しばしば自問自答する。余は当時わずか十六歳の一少年にすぎなかった。そしてかように余に「入れ」と強制した生徒たちはみな余よりはるかに大きくあった。かくて、ごらんのように、余の基督教への第一歩は、強制されたものであった。余の意志に反して、また（余は告白しなければならぬ）いくぶん余の良心にも反して。余の署名した契約は次のようなものであった、——

イエスを信ずる者の契約

下段に署名するS・A・カレッジの生徒は、キリストを彼の命令にしたがって告白することと、十字架上の彼の死によって我々の罪のために贖《あがな》いを為《な》したもうたかの救拯主《すくいぬし》に我々の愛と感謝とを示さんがために真の忠誠をもってすべての基督《きりすと》信徒の義務を果たすこととを願いつつ、そして彼の栄光の増進と彼が代わって死にたもうた人々の救拯《すくい》とのために彼の御国《みくに》を人々の間に前進せしめんことを熱心に望みつつ、彼の忠実な弟子となることと彼の教《おしえ》の文字と精神とに厳密に一致して生きることとを、この時よりのち、神に対しまた相互に対して、厳粛《げんしゅく》に契約する、そして適当な機会のある場合には我々は試験、洗礼、入会のためにいずれかの福《ふく》音《いん》主義教会に出頭することを約する。

我々は信ずる、聖書は言葉をもってせる神より人への唯一の直接の啓示、光栄ある未来の生命への唯一の完全無謬《むびゅう》な指導者であることを。

『余は如何にして基督信徒となりし乎』岩波文庫、一九三八年

契約の内容は、この後まだまだ続きます。内村が繰り返し述べているように、信仰は強要されたものでした。しかし内村は人生を歩んでいくにつれて、しだいに信仰を自分のものとするようになります。内村が自らを「信仰家となった」と断言するようになるのは、強制されてからおよそ十年後、アメリカへの留学の時期でした。

余の生涯に三度大変化が臨んだ、（中略）其第二《その》回は余が基督の十字架に於《お》いて余の罪の贖《あがない》を認めし時であった、其時《そのとき》余の心の煩悶《はんもん》は止《や》んだ、如何《いか》にして神の前

に義《ただし》からんとて悶《もだ》え苦しみし余は「仰ぎ瞻《み》よ唯《ただ》信ぜよ」と教えられて余の心の重荷は一時に落ちた。余は其時軽き人となった、余は其時道徳たるを止めて信仰家となった。余は余の義を余の心の中に於いて見ずして之を十字架上のキリストに於いて見た、而《しこう》して是《こ》れ今より三十二年前であってアマスト大学の寄宿舎に貧と懐疑とを相手に闘いつつありし時であった。

内村鑑三「基督再臨を信ずるより来りし余の思想上の変化」『内村鑑三全集二四』

パウロや内村鑑三といった著名な信仰者ではあまり参考にならないと思われる方もいらっしゃるかもしれません。そこで、もう少し身近な事例を取り上げてみたいと思います。さきほども言いましたが、家が神社やお寺、教会や支部であったりすると、生まれたときから宗教的な環境に身を置くわけで、信仰を持ちやすいのではないかと思いますが、実際にはそう簡単にいきません。信仰が確立するまでには紆余曲折を経ることになるようですし、場合によっては失ったままということも想定されます。親が世界真光《まひかり》文明教団の信者の事例を二つ引用します。研究者が信者に入信の動機に関してインタビューし、要約したものです。

世界真光文明教団は岡田光玉が一九五九年に神示を受けて設立した教団です。信者は魂を浄化するために手かざしという儀礼を行います。

事例1　かよ

かよ（仮名）は浪人中の一八歳の女性。母親が幹部であり、生まれた時から道場に来ていて、薬を飲んだことも病院に行ったこともない。本人も入信時から熱心な組み手であり、同級生が怪我《けが》をしたりすると、すぐに手かざしをした。真光の話もよくして、周りの子に色々言われたこともあったが、最後には納得してくれたという。

ところが、中学一年の時に自殺を考えるほどのいじめにあい、転校。どうやってとけ込んだらいいのか分からないでいたところ、たまたま話しかけてくれた子がいわゆる不良少女で、グループに引き込まれた。初めは自分が彼女らを良い方向に引っ張ろうと思っていたが、逆に自分のほうが初めて知った新しい世界に夢中になってしまう。そして、真光に対しては「自分は何でこんなとこに入っちゃったんだろう」と疑問を感じるようになる。しかし、一方で、道場にはむしろこの頃から熱心に通うようになったという。

そうした時期が半年ほど続いて、ある大きな神祭りの時に「神くじ」を引くと、「永遠《とわ》に生きるも真光を」という言葉が記されていた。彼女はそれによって自分は一生真光とともに生きる運命であると悟り、「あきらめ」がついたという。そして中二で立ち直り、一所懸命に活動するようになると、「どうしてこんなに楽しいんだろう」と思うくらいに楽しくなった。それは遊びとは違って「空しさ」のない楽しさであり、道場から帰って夕ご飯を食べると「すっごくおいしい」という。彼女は面接時もたいへん熱心な組み手であった。

事例2　ようこ

ようこ（仮名）は現在高校二年生。母親が組み手であるため、幼稚園の頃からお浄めを受けてきて、当たり前のように初級研修会を受講したが、最近まで冬眠していて神祭りの時くらいしか道場には来なかった。中学時代にはソフトボールに熱中し、仲間といるのが楽しくて、道場には来ても馴染《なじ》めずにすぐ帰ってしまっていた。だが、何かきっかけをつかんで来ようという気持ちはあったといい、高校の帰り道に道場があったのでこれで来られるようになると思ったが、ソフトボール部の練習がきつくて来られないでいた。

道場に来るきっかけになったのは「清浄化」現象である。手にひどい膿《うみ》が溜まり、痛みと悪臭もあり、病院に行っても原因不明と言われて治らなかった。それで学校を二週間近く休み、部活動は休部して、毎日道場でお浄めをして（受けて）いたところ、手は治ってきたが、今度は復部しても練習についていけず、友達グループにも馴染めなくなってしまった。それ以来、道場に来るようになって一年になるという。
しかし、ようこは今神様について疑いをもっており、子どもの頃は何も考えずに親について入ったが、今は心の支えがない状態だという。また、道場の小学生から高校生を対象としたグループに入っているが、それについては活気がない、無理をしているといった不満を述べている。その一方で、真光の外の友達と遊ぶのは楽しいものの、後で空しさが残るし、悩み事を打ち明けたりしても結局答えが決まっているのに対して、真光の友達は本当に話すことのできる友達だともいう。

杉山幸子『新宗教とアイデンティティ　回心と癒しの宗教社会心理学』新曜社、二〇〇四年

芥川龍之介（あくたがわ・りゅうのすけ　1892-1927）
『走れメロス』『蜘蛛の糸』『羅生門』『鼻』など、短編小説を得意とした。晩年は自殺願望を持ち続け、『続西方の人』を書き上げた後、多量の睡眠薬を服用して自殺した。

ヒント2

入信しないと悟りは得られないのか

●明治の文豪も悟りを求めた

教団に入っていなくても、救いや悟りを求める人々は少なくありません。たとえば、芥川龍之介が亡くなった時、枕元には『聖書』が置かれていたそうです。芥川は学生時代から『聖書』を読んでいてキリスト教に関心を持っていました。彼の小説には『西方の人』をはじめ、キリストを扱った小説があります。もっとも、芥川は仏教や他の宗教にも興味を示していますので、キリスト教徒とはいえないでしょう。それでも死に際の枕元に置かれた『聖書』は、彼の感じていた悩みの深さ、人生の難しさを表しているように思えます。

夏目漱石も人生に悩んだ人でした。明治という時代の中で、近代的な自我を探求した漱石が、東京大学の学生だった時代から禅に興味を持っていたことがわかっています。漱石は紹介状を持って円覚寺管長・釈宗演の寺であった帰源院へ出かけています。そこで参禅をするわけですが、思うようにはいかなかったようです。漱石の体験は前期三部作の『門』の中に克明に描かれています。

夏目漱石（なつめ・そうせき　1867-1916）
『門』は『三四郎』『それから』に続く前期三部作の３作目。『門』の執筆中に胃潰瘍で入院、連載終了後の静養中に大出血を起こし、生死の境をさまよった。

主人公の野中宗助は、親友であった安井の妹（実際は安井が同棲していた女性）お米と思いを深くし、友情を棄《す》ててお米を得ましたが、その罪を背負って崖下の家にひっそりと住んでいます。ふとしたきっかけで、自分の周囲に安井の存在を感じた宗助は、心のバランスを崩し、参禅を思い立ちます。宗助は鎌倉へ向かい、参禅して救いを求めようとしますが、結局悟ることはできずに帰宅します。次に引用する部分は、悟りを諦めて山門を下る最後の部分です。

円覚寺は臨済宗の寺で、臨済宗では参禅とともに哲学的問答である公案《こうあん》を用います。師の出した公案「父母未生《ふぼみしょう》以前本来《いぜんほんらい》の面目《めんぼく》」（自分の父や母が生まれる前にあなたはどこにいたか）について宗助は自分の考えを述べますが、言下《げんか》に退けられてしまいます。そこで哲学的な理屈を述べますが、いっそうダメだということになりました。少し長めですが、いいところなので読んでください。

そのうち、山の中の日は、一日一日と経《た》った。御米《およね》からはかなり長い手紙がもう二本来た。もっとも二本とも新たに宗助《そうすけ》の心を乱すような心配事は書いてなかった。宗助は常の細君思いに似ずついに返事を出すのを怠った。彼は山を出る前に、何とかこの間の問題に片をつけなければ、せっかく来た甲斐《かい》がないような、また宜道《ぎどう》に対してすまないような気がしていた。眼が覚《さ》めている時は、これがために名状しがたい一種の圧迫を受けつづけに受けた。したがって日が暮れて夜が明けて、寺で見る太陽の数が重なるにつけて、あたかも後から追いかけられでもするごとく気を焦《いら》った。けれども彼は最初の解決よりほかに、一歩もこの問題にちかづく術《すべ》を知らなかった。彼はまたいくら考えてもこの最初の解決は確なものであると信じていた。ただ理窟《りくつ》から割り出したのだから、腹の足《たし》にはいっこうならなかった。彼はこの確なものを放り出して、さらにまた確なものを求めようとした。けれどもそんなものは少しも出て来なかった。

彼は自分の室《へや》で独《ひと》り考えた。疲れると、台所から下りて、裏の菜園へ出た。そうして崖《がけ》の下に掘った横穴の中へ這入《はい》って、じっと動かずにいた。宜道は気が散るようでは駄目だと云った。だんだん集注して凝《こ》り固まって、しまいに鉄の棒のようにならなくては駄目だと云った。そう云う事を聞けば聞くほど、実際にそうなるのが、困難になった。

「すでに頭の中に、そうしようと云う下心があるからいけないのです」と宜道がまた云って聞かした。宗助はいよいよ窮した。忽然《こつぜん》安井の事を考え出した。安井がもし坂井の家へ頻繁《ひんぱん》に出入《でいり》でもするようになって、当分満洲へ帰らないとすれば、今のうちあの借家を引き上げて、どこかへ転宅するのが上分別《じょうふんべつ》だろう。こんな所にぐずぐずしているより、早く東京へ帰ってその方の所置をつけた方がまだ実際的かも知れない。緩《ゆっ》くり構えて、御米にでも知れるとまた心配が殖《ふ》えるだけだと思った。

「私のようなものにはとうてい悟《さとり》は開かれそうに有りません」と思いつめたように宜道を捕《つら》まえて云った。それは帰る二三日《にさんち》前の事であった。

「いえ信念さえあれば誰でも悟れます」と宜道は躊躇《ちゅうちょ》もなく答えた。「法華《ほっけ》の凝《こ》り固まりが夢中に太鼓を叩《たた》くようにやって御覧なさい。頭の巓辺《てっぺん》から足の爪先までがことごとく公案で充実したとき、俄然《がぜん》として新天地が現前するのでございます」

宗助は自分の境遇やら性質が、それほど盲目的に猛烈な働《はたらき》をあえてするに適しない事を深く悲しんだ。いわんや自分のこの山で暮らすべき日はすでに限られていた。彼は直截《ちょくせつ》に生活の葛藤《かっとう》を切り払うつもりで、かえって迂濶《うかつ》に山の中へ迷い込んだ愚物《ぐぶつ》であった。

彼は腹の中でこう考えながら、宜道の面前で、それだけの事を言い切る力がなかった。彼は心からこの若い禅僧の勇気と熱心と真面目《まじめ》と親切とに敬意を表していたのである。

「道は近きにあり、かえってこれを遠きに求むという言葉があるが実際です。つい鼻の先にあるのですけれども、どうしても気がつきません」と宜道はさも残念そうであった。宗助はまた自分の室《へや》に退《しりぞ》いて線香を立てた。

こう云う状態は、不幸にして宗助の山を去らなければならない日まで、目に立つほどの新生面を開く機会なく続いた。いよいよ出立の朝になって宗助は潔《いさぎ》よく未練を抛《な》げ棄《す》てた。

「永々《ながなが》御世話になりました。残念ですが、どうも仕方がありません。もう当分御眼《おめ》にかかる折もございますまいから、随分御機嫌《ずいぶんごきげん》よう」と宜道に挨拶《あいさつ》をした。宜道は気の毒そうであった。

「御世話どころか、万事不行届《ふゆきとどき》でさぞ御窮屈《ごきゅうくつ》でございましたろう。しかしこれほど御坐《おすわ》りになってもだいぶ違います。わざわざおいでになっただけの事は充分ございます」と云った。しかし宗助にはまるで時間を潰《つぶ》しに来たような自覚が明らかにあった。それをこう取り繕《つくろ》って云って貰《もら》うのも、自分の腑甲斐《ふがい》なさからであると、独り恥《は》じ入った。

「悟《さとり》の遅速《ちそく》は全く人の性質《たち》で、それだけでは優劣にはなりません。入りやすくても後《あと》で塞《つか》えて動かない人もありますし、また初め長く掛かっても、いよいよと云う場合に非常に痛快にできるのもあります。けっして失望なさる事はございません。ただ熱心が大切です。亡くなられた洪川《こうせん》和尚《おしょう》などは、もと儒教をやられて、中年からの修業でございましたが、僧になってから三年の間と云うものまるで一《いっ》則《そく》も通らなかったです。それで私《わし》は業《ごう》が深くて悟れないのだと云って、毎朝厠《かわや》に向って礼拝《らいはい》されたくらいでありましたが、後にはあのような知識になられました。これなどはもっとも好《よ》い例です」

宜道はこんな話をして、暗《あん》に宗助が東京へ帰ってからも、全くこの方を断念しないようにあらかじめ間接の注意を与えるように見えた。宗助は謹《つつし》んで、宜道のいう事に耳を借した。けれども腹の中では大事がもうすでに半分去ったごとくに感じた。自分は門を開けて貰いに来た。けれども門番は扉の向側《むこうがわ》にいて、敲《たた》いてもついに顔さえ出してくれなかった。ただ、

「敲いても駄目だ。独りで開けて入れ」と云う声が聞えただけであった。彼はどうしたらこの門の閂《かんのき》を開ける事ができるかを考えた。そうしてその手段と方法を明らかに頭の中で拵《こしら》えた。けれどもそれを実地に開ける力は、少しも養成する事ができなかった。したがって自分の立っている場所は、この問題を考えない昔と毫《ごう》も異な

るところがなかった。彼は依然として無能無力に鎖《と》ざされた扉の前に取り残された。彼は平生自分の分別を便《たより》に生きて来た。その分別が今は彼に祟《たた》ったのを口惜《くちおし》く思った。そうして始《はじめ》から取捨も商量も容《い》れない愚《おろか》なものの一徹一図を羨《うらや》んだ。もしくは信念に篤《あつ》い善男善女の、知慧《ちえ》も忘れ思議《しぎ》も浮《うか》ばぬ精進《しょうじん》の程度を崇高《すうこう》と仰《あお》いだ。彼自身は長く門外に佇立《たたず》むべき運命をもって生れて来たものらしかった。それは是非もなかった。けれども、どうせ通れない門なら、わざわざそこまで辿《たど》りつくのが矛盾であった。彼は後《うしろ》を顧《かえり》みた。そうしてとうていまた元の路《みち》へ引き返す勇気を有《も》たなかった。彼は前を眺《なが》めた。前には堅固な扉がいつまでも展望を遮《さえ》ぎっていた。彼は門を通る人ではなかった。また門を通らないで済む人でもなかった。要するに、彼は門の下に立ち竦《すく》んで、日の暮れるのを待つべき不幸な人であった。

宗助は立つ前に、宜道と連れだって、老師の許《もと》へちょっと暇乞《いとまごい》に行った。老師は二人を蓮池《れんち》の上の、縁《ふち》に勾欄《こうらん》の着いた座敷に通した。宜道は自ら次の間に立って、茶を入れて出た。

「東京はまだ寒いでしょう」と老師が云った。「少しでも手がかりができてからだと、帰ったあとも楽だけれども。惜しい事で」

宗助は老師のこの挨拶に対して、丁寧《ていねい》に礼を述べて、また十日前に潜《くぐ》った山門を出た。甍《いらか》を圧する杉の色が、冬を封じて黒く彼の後《うしろ》に聳《そび》えた。

夏目漱石『門』岩波文庫、一九九〇年

「父母未生以前本来の面目」という公案は、漱石が実際に取り組んだものと同じです。山門を下る宗助の姿は漱石に重なります。

●新宗教の入信理由は貧・病・争？

信仰に厚い人たちとして私たちが思い浮かべるのは、キリスト教徒、そして新宗教に入信している人たちではないでしょうか。新宗教の信徒は熱心に教会に通い、献金をし、布教活動も行っています。時には自宅にも勧誘に訪れますし、教えを説く冊子が郵便受けに入っていることもあります。世間一般には冷たい眼で見られながらも、彼らはなぜ新宗教に入り、熱心に布教に歩くのでしょうか。

先ほどは研究者がまとめたインタビューを読んでもらいましたが、今度は一人称で語る信仰体験を見てもらいましょう。事例は金光教のものです。

これまで病気とは縁のなかった私（66）でしたが、肺がんと乳がんを同時に発病しました。

がんの手術を無事に終え、現在は通院して抗がん剤治療を受けています。その帰りには、教会の月例祭で典楽のご用をするなど、これまでと変わりなく生活させて頂いています。ありがたいことに、がんだと分かってから現在まで、不思議と不安はありません。お道の信心があってこそのことで、本当にありがたいです。

私が金光教とのご縁を得たのは、お道の信心にあつい婚家に来てからです。義母の物腰柔らかく温厚な人柄に引かれ、夫と共に教会に参拝するようになりました。教会の先生や信者さんたちも若かった私を喜んで迎えてくださいました。

教会の先生からは、「人間は天地のお恵みを受けて生かされている」ことを教えてもらいました。とはいえ、当初はそのことをなかなか実感できませんでしたが、教会の隅々まで掃除が行き届き、ご神前にはお花やお水が丁寧にお供えされている様子や、朝日を遙拝《ようはい》する信者さんの姿などを通して、日に日に天地のお恵みのありがたさが感じられるようになっていきました。

やがて長男を妊娠し、つわりのひどい時には教会の先生から、「自分の力では子は産めません。神様のおかげを頂けるよう、お願いしましょう」と教えを受けました。そうして無事に長男を出産した後、さらに二人の子どもを授かりました。共働きで生活に追われながらも、子育てをはじめ、生活上の事柄の一つ一つにお取次《とりつぎ》＊をいただきながら日々を送りました。

とりわけ、末娘のことを神様に祈っていく中で、私自身を見つめ直すことができました。娘は、自己主張が少し強く、話していると私はいらいらして声を荒げてしまうことも度々でした。高校生の時には、ある問題を起こして学校から呼び出され、私たち親が頭を下げることもありました。

私は自分が正しいと思うと、その思いを周りにも押し付け、人を変えようとしていました。教会で先生は、「問題に目を向けるのではなく、あなたの心がおかげを頂くように」と常に教導し、祈ってくださいました。そうした毎日のお取次を通して、自分の力で生きているように思っていたことに気付き、神様のお守りとお導きの中で生かされていることを分からされていきました。

そうして、子ども三人はやがて自立し、夫も元気に定年まで勤めさせてもらいました。気が付けば初参拝から四〇年という歳月が流れていました。今では子どもや孫たちも教会に参拝して、お取次を頂いてくれています。

さらに、私の信心を育ててくれたのは、同じ教会でおかげを受けてきた信心の先輩方です。私と同じがんを克服して今も元気に参拝している先輩や、重病を抱えながらも人のことを祈り、感謝の念を忘れずに亡くなっていった先輩。こうした先輩方に祈られている自覚が、私に人のことを祈ることを促しました。今ではご縁を頂いた方々のことを祈ることが先で、自分の病気を心配する暇がないくらいです。

ここまで来るのに教会の先生は毎日、私たち家族を迎え、立ち行くよう祈ってくださいました。今度は私が、若い方や未信奉者に信心の喜びの心を伝えていく番だと思っています。

『金光新聞』二〇一四年一一月一六日

＊取次は金光教の信仰活動の中心をなす儀礼で、教祖が参拝者の願いを神に届け、神の願いを参拝者に伝える。

宗教社会学では信者の入信過程に関する研究が行われてきました。研究成果を簡単に示すと、理由は「貧・病・争」の三つということになります。これまで引用してきた信仰の獲得事例でも、こうした要素が見て取れます。

新宗教の入信過程を「貧・病・争」から端的に説明した研究者がいますので、その部分を引用して私の説明に代えたいと思います。

人が新しく宗教に加入する理由を説明する理論のうち、著名なものとして、剝《はく》奪《だつ》理論と呼ばれる考え方がある。即ち、何らかの深刻な悩みや苦しみ（剝奪感）を抱えている人が、そこからの救いを求めて新しく宗教に入るということである。日本の新宗教に関しても、これまで一般的に、入会するのは「貧・病・争」の苦境や「八方ふさがり」の状況に陥った人々であるとされてきた。では、何故新宗教がそうした状況に置かれた人々の心を捉えやすいのであろうか。その理由の一つは、ある意味で当然のこととも言えるが、それが剝奪状況の克服を約束するからである。もちろん宗教以外の方法による解決法も考えられるから、これは選択肢のうちの一つである。ただし、医者に見放された病人のように、既存の他の方法をいろいろ手を尽くしても効果がみられなかった場合などには、往々にして、それらに代わる新しい考え方に基づく解決法として、宗教が求められよう。

しかし、剝奪の体験が入会のきっかけとなる理由は、それだけにとどまらない。人間にとって苦難や不幸は、客観的事実の問題であると同時に、主観的意味の問

▶考えてみよう
もしあなただったら、どんなときに宗教に頼りたくなるだろうか。
それは初詣に行くときとはどこが違うのだろうか？

> 題でもある。剥奪状況に陥った時、人はそれ自体を苦しむと同時に、しばしば他ならぬ自分に何故そうした不幸がふりかからねばならなかったのか、いわば人間の運命の不条理や不公正についても苦しむ。そうした場合、人は苦難の克服法とともに、その意味を納得できる仕方で説明してくれる新しい世界観、価値観をも求めているということになる。そして宗教はとくに熱心にこうした苦難の意味の問題に取り組み、独自の世界観、価値観に基づき、確固とした解答を与えようとするのである。
>
> 渡辺雅子「入信の動機と過程」『新宗教事典』弘文堂、一九八九年

私たちはどうしようもない困難に直面したときに、困難の克服を求めて、従来の手段を超えた新しい方法を求めます。それは具体的で直裁的な苦しみの除去にとどまる場合もあるでしょうが、実際にはより永続する世界観、価値観を求めます。私たちは、時として、新宗教に従来とは異なった手段と世界観の提供を求め、克服を期待することになります。

ヒント３
信仰者に課される義務と戒律とは？

さて、こうして信仰に目覚めたとします。しかし目覚めただけでは信仰は継続しません。信仰者としての生活が求められます。まず出家者の日常生活を見てみたいと思います。

タイでは、仏教徒である男子は、一度は出家して僧侶になることになっています。タイの仏教はテラワーダ（小乗仏教）といい、国民の九割は仏教徒です。二〇歳で成人後に出家すると一人前と見られるようになります。もちろんそのまま生涯僧侶になるわけではなく、還俗《げんぞく》して再び社会に戻ってきます。仕事に就いていても、希望すれば会社が出家を認めてくれます。

一九七二年にタイに調査に行き、半年間仏教僧として修行をした経験のある青木保さんは、その後『タイの僧院にて』という本を出版しました。青木保さんは文化人類学者で文化庁長官も務めたことのある研究者です。一日の修行の様子を、一部省略しながら引用してみましょう。

僧院の日常生活は、単調なものである。早朝のピンタバート〔托鉢《たくはつ》〕から一日が始まるが、ピンタバートから帰って来て、遅くとも七時過ぎには朝食をとる。それをながくとも三十分ぐらいですませ、自分のクティに戻って暫《しばら》く休憩の後、やがて鐘の音が朝のスワットモンが始まるのを告げだすと、タムナク堂へと集まることになる。

スワットモン、つまり読経《どきょう》は八時から小一時間続く。

読経の長さは、先導僧の気持ちが大きく作用する。朝の読経文はタイのサンガ（仏教の僧組織）による定まったものがあるが、実際にはワットによってかなり異なるやり方をとっていて、一定の読経をおえた後、いくつそれに付け加えるかは、先導僧の裁量に任されている。もちろん、特別の祝祭日の場合は別である。

ようやく僧生活にも慣れはじめ朝の読経に参列して少しずつ経文を誦んじていた一ヶ月目くらいになると、どの僧が先導をつとめるかが気になり出した。というのは、タイ式の僧の正坐の形は、およそ肉体の圧迫や苦痛を伴わずにはいないもので、十分も坐っていると、脚は棒の如《ごと》くになり、痛みをとっくに通り越して麻痺《まひ》状態に達する。

私は他のことはたいてい平気でいたが、この正坐だけは容易に馴染《なじ》めず、読経の長さはまさに死活の問題と感じられたのであった。タイには畳というものがない。タムナク堂は堅い板の間に薄い敷物を敷いただけで、その上にじかに坐るわけである。（中略）

スワットモンは九時には終わる。ほっとした表情でそれぞれお喋りをしながら自分のクティへと帰る。これから十時四十分頃までは仏典の勉強の時間である。タイ人僧の新入り組は高僧による仏典講義に出席するためワットに隣接したマハマクート仏教大学の講堂へ行く。私の方は一、二度講義をのぞいてはみたが、とうていついてはゆけないので、自分のクティで指導僧のマハー・ニベー師から『ナーワコワーダ』（新入り僧への仏典と戒律の手引き書）の手ほどきをしてもらうことになった。英語とタイ語のチャンポンで教えてもらう。マハー・ニベー師の教え方は、質問はゆるさず、徹底した暗記主義である。自分が説明したことを逐一《ちくいち》繰り返させて、覚えよと命ずる。こちらは言われたことを繰り返すだけである。詳しい内容の説明はない。

「僧にとっての基本的規律は、木の下に寝ることであって……」などとやっているうちに、一時間半程はすぐ過ぎていってしまう。十時四十分になると、マハー・

ニベー師はどんなに中途半端なところであろうと、さっと止めてしまう。その止め方は実に見事で感心した。いささかのためらいもない。（中略）

さて、十時四十分でお経の練習が一段落すると、クティで身を整え、夕食を摂《と》ることになる。夕食とはわれわれ新僧たちがその日最後の食事だからと冗談にいっていたことだが、十一時から正午までの間に第二回目の食事をするのである。もちろん、この食物も朝のピンタバートで得たものである。

夕食のあと、一時間ほど休憩する。一時から四時頃まで仏典の学習である。私は主として先輩僧の指導の下にマハマクート仏教大学で出している外人用のテラワーダ・テクストを用いて学習した。他のタイ人僧たちはマハマクート仏教大学での講義に出席する。私も二ヶ月ほどしたら、マハマクート仏教大学での講義に出席できるようになった。

午後四時から六時半までは自由な談笑の時間である。私たちはクティの裏を流れる用水溝の橋上に集まって泳ぎまわる魚や亀をみながら談笑した。（中略）

さて、それにしてもこの頃の時間は、空腹が一段と身に沁みるときで、パンの塊《かたまり》をぱくつく大魚が羨ましくみえたことであった。パンを引きちぎっては水面へ投げるのだが、つい口にもってゆきそうになったこともあった。しかし、不思議とそれも六時半になるとなくなってしまい、空腹とも思わなくなった。

パンサーの期間（七月中旬から十月下旬にかけての雨期の約三ヶ月間ワットにこもって修行する。日本でいう雨安居《うあんご》に相当）の六時半から七時半までは、とくにバンコクのあちこちのワットの高僧が特別講師として招かれて講演をした。インドや日本の仏教についての話があったり、アビダンマ（仏教哲学・宇宙論）の解釈についての話であったりした。

この特別講演がおわると、クティへ戻って小憩の後、タムナク堂での夕べの読経へと向かう。八時から一時間のスワットモンのおわりには出欠がとられる。その後クティに帰るとはじめてまったくの自分の時間となる。隣室の僧などと集まりお茶を飲みショウガを囓《かじ》って暫《しば》しの談笑が続く。この時間は各々の僧が自由に自分の意見などをきかせてくれるので、タイ人のもののとらえ方や社会のありさまについての大変よい勉学の場となった。（中略）

この談笑の場で、多くの友人ができた。ここで私は、タイ人の友人の中でも最も親しくなった人々と出会ったのである。

こうして僧院の一日は過ぎてゆく。熱帯のもの憂い暑さが静まりかえった僧院の闇の中を満たしている。堅い床を背中に感じながら眠りにいつしか入ってしまうのであった。

青木保『タイの僧院にて』中央公論社、一九七六年

好奇心で始めた修行でしたが、修行は少なくない影響を青木さんに与えたようです。当時青木さんは「**にっちもさっちもゆかない鬱《うつ》状態のどん詰まりの生活で、酒を飲まない私は乱れることはなかったが、人類学の新世界はまだ展《ひら》けておらず、すべてが薄ぼやけた壁の中に塗り込められてしまっているようにみえていた**」と記しています。タイでの六か月の修行を終えるためにスック（還俗の儀礼）を終えてバンコクの下宿に戻った青木さんは次のように記しています。

心づくしのお祝いの朝食をいただき、仮の宿のバンコク市の外れにある下宿に落ち着く。スックをしたのだ。

ひとり部屋に落ち着く。ほっとするよりも想い出すのは、チャオクン〔指導僧〕の眼のやさしさばかりだ。いつの間にか、涙が頬を伝っている。頬をぬぐう間もあらばこそ涙はあふれてくる。いくらでもいくらでも涙は尽きなかった。私は言

いしれぬ感動の中で全身で泣いていた。それは説明しようにも理由のつかぬ、表現しようにも言葉のない感動であった。私のこれまでの生の中で、物心ついてからあのような訳のわからない涙に泣きぬれたことはない。これが、僧修行のもたらした最大のものであった。

同書

このような心境については、修行をしたこともない、信仰もとくだん持っていない私がどうこう言うものではなさそうです。それでも、修行生活とは私たちの日常生活をより豊かなものにする――こんな言い方では足りないのですが、そんなものであることは十分に理解できます。

だからといって私たち日本人が急に戒律を守って生活しようなどということにはならないでしょう。

青木さんが修行したテラワーダ仏教は戒律が厳しいことで知られています。厳しい戒律を守って生活をしているからこそ、タイの人は僧侶に対して尊敬の念を持つのだと青木さんは指摘しています。

一方、日本人は戒律や修行によって日常生活に制約が設けられることを極端に嫌います。

日本では、出家したはずの僧侶ですら、戒律は守られていないようです。仏教には「五《ご》戒《かい》」という五つの戒《いまし》めがあり、不殺生戒《ふせっしょうかい》（生きものを殺してはならない）や不偸盗戒《ふちゅうとうかい》（盗んではならない）は私たちでも当然遵守《じゅんしゅ》すべきものですが、不妄語戒《ふもうごかい》（嘘をついてはならない）、不邪淫戒《ふじゃいんかい》（姦淫《かんいん》してはならない）、不飲酒戒《ふおんじゅかい》（酒を飲んではならない）となるとどうでしょうか。僧侶でもお酒を嗜《たしな》む方は少なくありません。お寺にはご家族がいて家庭を営まれているのが普通ではないでしょうか。これは日本の僧侶が誤っているといった問題ではなく、長い歴史的経緯と日本的な宗教性の中で育まれてきたものと考えた方がよさそうです。いわんや俗人をや、ですね。

第４問 まとめ

ヒント１◆信仰を持つきっかけはなんだろう

↓回心という劇的な体験を伴う信仰がある。

↓一般的には行きつ戻りつしながら信仰は確立していく。

ヒント２◆入信しないと悟りは得られないのか

↓明治の文豪ですら悟りの境地は容易に拓けなかった。

↓新宗教の主な入信理由は貧・病・争といわれる。

ヒント３◆信仰者に課される義務と戒律とは？

↓タイの仏教徒が尊敬されるのは厳しい戒律を守って生活しているから。

↓日本の仏教には厳しい戒律はなじまなかった。

第5問

日本人は宗教好きなの？

日本人は自分を無宗教だと考える人が多い。

たしかに特定の宗教を信仰する人は多くないが、宗教的な行事に参加したり、縁起をかついだりすることは生活に浸透している。

ということは、じつは信心深い国民なのかもしれない。

宗教儀礼に参加することと信者であることとは違うのだろうか？

あなたはその違いを意識したことはあるだろうか？

ヒント１　日本では宗教は娯楽なのか？

●海外の信仰者はどうなのか？

日本の話ではありませんが、次の新聞記事を読んでみてください。

平成一八年一〇月二日、銃を持った男がキリスト教プロテスタントの一派、アーミッシュが運営する学校（米ペンシルベニア州ランカスター郡）を襲撃しました。

米ペンシルベニア州にあるアーミッシュの学校で撃たれて死亡した五人の女児の埋葬が六日、終わった。暴力を排して生きるアーミッシュの人たちは、理由なき暴力に巻き込まれた直後から、許しをもって容疑者の家族に接した。その対応ぶりに、米メディアは驚きの目をもって報道を続けている。

「私から撃ってください」。亡くなった中で最年長だったマリアン・フィッシャーさん（13）は、教室に残された一〇人の女児を容疑者が撃つつもりだとわかったとき、そう進み出た。マリアンさんの妹で、病院で意識を回復したバービーさん（11）の話を聞いた人の話として、複数のメディアが伝えている。バービーさんも「その次は私を」と続けたという。二人は、より小さな子どもたちを助けたい一心だったという。

亡くなった中には、一三歳、一二歳とともに八歳と二人の七歳も含まれている。州警察の発表によると、乱射後に自殺したアーミッシュとは関係のない容疑者の男(32)は、長い木材にちょうど一〇人を縛り付ける金具を用意していた。最初から女児一〇人だけを人質にとるつもりだったらしい。警察にすぐに包囲されて状況が一変。入院している五人の女児のうち、一人は依然、重篤だという。

容疑者の家族は、アーミッシュの一員ではないものの、地域に住んでいる。アーミッシュの人たちはこの家族を事件の夜から訪ねて許しを表明し、手をさしのべたと伝えられる。容疑者の家族は現地の主教を通じて被害者の家族への面会を求め、遺族の一部は容疑者の家族を子どもの葬儀に招いたという。

アーミッシュの社会は現代的な暮らしや暴力を拝し、死後の世界への強い信仰をもっているとされる。一般に「力」が信奉される米国で、悲嘆にくれる中にも暴力を許して包み込む生き方に、米メディアは「慈悲の深さは理解を超える」「女の子の驚くべき勇気」などとして報道している。

『朝日新聞』平成一八年一〇月七日

アーミッシュの村。アーミッシュは敬虔なキリスト教徒で予定説（第１問参照）を信奉している。聖書以外の読書や賛美歌以外の音楽を聴くことは許されていない。

アーミッシュは一八世紀にアメリカに移住したプロテスタントの一派で、文明の利器を使わないことでよく知られています。彼らの家には、テレビも冷蔵庫も洗濯機もありません。当然ながらパソコンもスマホも使いません。車も持っていませんので、農作業は馬に引かせた器具を用い、移動は馬車です。

近代的な道具を一切用いず、自家製の黒っぽい服を着て、男はつばの広い黒い帽子をかぶり、ひげを蓄え、女は黒の靴下に黒い靴をはいているという、現代社会でもてはやされる個性あるスタイルとはほど遠い出《い》で立ちをしています。彼らの生活様式は、しばしば揶揄《やゆ》され、嘲笑《ちょうしょう》や好奇心の対象となります。

そのアーミッシュの村で起こった事件は、アーミッシュが便利さを棄《す》てても守ろうとした信仰の姿を浮かび上がらせることになりました。こうした事実を知ると、私たちはたじろぐのではないでしょうか。とても立派だけれど、自分にはできない、と。

信仰者を見て驚くことがしばしばあります。チベットにあるカイラス山（六六五六メートル）はヒンドゥ教、仏教、ボン教の聖

五体投地。直立して祈ったあと、写真のように大地に身を投げ、額まで完全に地につける。伸ばした手の先に線を引いて身の丈の分だけ前進したら、また立ち上がって祈る。数百〜数千キロの行程中、野宿を続けながらずっとこれを繰り返す。

地です。信者は遠方から一年半をかけて訪れ、高さ五〇〇〇メートル程度のところで山の周囲五〇キロメートルを巡礼します。しかも五体投地《ごたいとうち》で廻る人が少なくありません。空気が地上の半分ほどしかない場所で、体を地面に投げ出して礼拝する人を見ると、驚きとともに、そこまでする必要があるのかと、疑問さえ感じます。

●日本人の信仰はいいかげん？

信仰を持つ者から見ると、日本人の信仰はかなりいいかげんに見えることがあるようです。幕末から明治の初めに日本を訪れた宣教師たちは「日本では宗教は娯楽だ」と述べています。

来日した宣教師のフォーチュンは、寄宿先近い寺で見た光景にかなり驚いています。

一八六一（文久元）年六月の終りから七月一日にかけて、フォーチュンの神奈川の寄宿先に隣接する小さな寺は参詣者で溢《あふ》れた。その十分の九は女だった。顔の赤い娘たちを連れた陽気な農婦たちに交って、華やかな衣装をまとい、顔を白く塗った茶屋女の姿も見られた。彼女らはそれぞれ座布団に坐り、前に小さな鉦《かね》を置いていた。僧が読経《どきょう》を始めると、全会衆が加わり、鉦を叩き「南無《なむ》、南無……」とフォーチュンには訳のわからぬ文句を唱えた。お勤めは一時間あまり続くが、休みには彼女らは元気づけに酒を一杯やるのだった。七月二日、また鉦を鳴らす音と「南無、南無」の声が聞こえたので、彼は様子をのぞきに行った。二、三分いて自分の家に帰ろうとすると、全会衆があとについて来た。思うに、彼の訪問へのお返しのつもりであるらしかった。中にはやっと歩けるぐらいの老爺《ろうや》も何人かいたが、大部分は女と子どもだった。女どもはフォーチュンの衣服や本や標本を調べにかかった。蝶《ちょう》や甲虫や陸貝がおどろきと疑問の的《まと》となった。この人は何をする人なのかという訳である。少し知恵のありそうなのが「薬を作るのさ」とのたもうた。歳はいくつだろう、結婚はしているのか。「疑いもなく、私を種にして、気のいい冗談が彼女らの間に飛び交《か》っていた」。「わたしが嫁さんになってやろうかね」などと言い出すものもいた。お勤めが残っているのを思い出して、彼女らはお辞儀《じぎ》をたっぷりして帰って行った。勤行《ごんぎょう》の声がまた聞こえ出した。

「突然、声がやんだので、今日のお勤めは終ったのだと私は思った。だが間違いだった。しばらくして、これまでのお勤めの声とはまったく異なる楽しげな声があがるのが聞こえた。そこで私は好奇心を満たすために、もう一度会衆を訪ねる気になった。お寺の前庭に入ると、奇妙な光景が眼前に現われた。さきほどまで敬虔《けいけん》な祈りを捧げていたのとおなじその部屋で、そしておなじその会衆が、いまや酒を飲んでいた。わき起こる大きな笑い声や陽気な大騒ぎからして、早くも利き目が現われているらしかった。私が戸口にいるという情報はすぐ部屋中に伝わった。よろこびの叫び声とともに、私は会衆から迎え入れられた。酒に関する限り、この人たちのもてなしのよさは限度がなかった。いろんなグループから、いっしょにやろうという誘いがかかった。……定められた刻限に僧侶が衣を着て現われると、飲み残しの酒は片づけられ、会衆の顔つきは陽気から厳粛《げんしゅく》へと一変した。もっとも何人かの顔は赤くなっていたけれど。そしてお勤めがまた始まった」。

渡辺京二『逝きし世の面影』平凡社、二〇〇五年

宣教師からすれば、敬虔で真剣な祈りと、酒の席の喧噪《けんそう》や諧謔《かいぎゃく》は相容《あいい》れないものと映ったのでしょう。しかし私たちにとっては、こうした光景は今でも祭りや葬儀の席などで

おなじみの光景です。神輿《みこし》に神様を移す厳粛な魂入《たまいれ》の儀式と、酔って神輿《みこし》を蛇行《だこう》させる荒《あら》ぶった姿は、日本人にとっては別個のものではありません。葬儀の読経《どきょう》や納棺《のうかん》、火葬《かそう》場《ば》での重苦しい雰囲気の後に、妙な明るさの直会《なおらい》（会食の機会）を迎えます。これは不真面目なことなのでしょうか？

ヒント２
生活の中の宗教

●日本人は宗教的？

日本人の宗教を論じた本はかなりたくさんあります。これまで述べてきたように、大半の日本人は宗教団体の会員ではなく、定期的に教会に通い、経典《きょうてん》に記された教義によって日々生活をしているわけでもありません。そこで、こうした本で初心者向けに日本人の宗教性を論じる際には、まず、日本人は非宗教的といわれる事例を示すわけです。著作自体はちょっと前の刊行ですが、典型的な説明の仕方なので引用してみましょう。皆さんだったら「あなたの宗教は何ですか？」という質問にどう答えますか。

商社マンが商用でアメリカ人に会う。初対面の挨拶が終ると、本論に入る前に雑談が始まる。すると、日本では考えられないことであるが、彼らは平気で「あなたの宗教は何ですか」というような質問をする。商社マンは慌てて、お葬式、お坊さん、お寺ぐらいの連想から、「仏教です」などと答える。先方は話のつぎ穂《ほ》を絶やさないためにも、「仏教とは興味がありますね。そもそも仏教では何を教えるのですか」とくる。そうなるとこちらはお手あげになってしまう。日本語でさえ十分に話すことができないのに、英語で言おうとしても無理である。仕方なく「I don't know.」ということになる。先方はけげんな顔をして商談はもう九分どおり駄目になる。

なぜかと言えば、アメリカはともかくもれっきとしたキリスト教国である。平均的アメリカ人は、子供の時から教会に通う。日曜ごとの説教を何年間も聞いていれば、牧師さんのまね事ぐらいできるようになる。彼らにしてみれば、これが普通の人であって、教会へも出かけないような連中は、社会からはみ出した、信用のおけない部類の人であると思っている。ところがこの目の前の日本人は、自分の宗教を何も知らないと言う。とても信用できたものではない、商談などとんでもないということなのである。そこで、手っとり早く仏教について話してくれということになったのである。

梶村昇『日本人の信仰　民族の〈三つ子の魂〉』中公新書、一九八八年

さて、こう説明した後で、日本人の宗教性を解説することになりますが、研究者によって説明は微妙に違っています。つまり、仏教を主に研究してきた研究者は、日本人の世界観や行動の奥底に仏教の影響が強く見られると主張しますし、儒教の研究者は儒教を、そして神道の研究者は民族宗教としての神道を強調することになります。直前に読んでいただいた梶村昇は、神道と仏教を強調しています。

日本人が宗教的であることの事例としてもっとも頻繁に指摘されるのは、初詣とお盆やお彼岸の墓参りです。これらは年中行事のひとつです。実施率が高いクリスマスを含めると、ますます宗教の混交のようになってわけがわからなくなりますが、「生活の中の宗教」といっていいものです。宗教の方に主導権があるのではなくて、私たちの日々の生活の必要性から、あるいは生活を豊かにするためにさまざまな儀礼を行っています、と研究者は説明するわけです。

宗教学者の柳川啓一はこうした日本人のあり方を「信仰なき宗教」と呼んで、次のよ

うに説明しています。

信仰というふうに申しますと、それは何々を信じるということになります。一番典型的には、これはキリスト教の信仰告白にありますように、全能の神とか、世界を創った神を信じるか、信じないか、あるいは処女マリアからイエスが生まれたことを信じるか、信じないか、あるいは三位一体を信じるとか、あるいはキリストが死後復活したことを信じるとか、そういうふうに一つ一つの条項としてでてきますと、信仰というのは、ちょうど試験の○×式と同じで、信じるか信じないかという、もちろんどちらかわからないというのがもう一つありますけれども、しかしながら基本的にはそれはイエスかノーかという、そういうものでしかでてこないのです。これに対して、信仰のない宗教というのは、霊魂の不滅を信じるかというふうに聞いても、よくわからない。たとえばドーアという社会学者が東京の下町の調査をいたしました。その時にその本の中で非常にびっくりしておりますのは、これは霊魂を信じるかと聞くと、かなり大部分の者がニヒリスティックに、死んだら何も残らないとか、灰になるだけだといっているのです。

ところが一方ではみんな仏壇を拝んでいるのです。そうすると、もしもこういう信仰的な言い方からしますと、さきに霊魂の存在、死んでからあとなくなっては話にならないので、何かが存在する。何かが存在するとすると、霊魂が存在する。霊魂の不滅を信じて、そして拝むという順番になるわけです。ところが、何々を信じるということを、それをもしもうるさくいわない場合には、あるいはそのへんがぼやけている場合には、それは信仰のない宗教というのがありうるのです。

（初詣の事例の紹介・中略）

つまり、日本人というのは信仰心がない、あるいは確固とした宗教的伝統がないから、こういう信仰のない宗教という現象を呈するのだというので、それを恥ずかしいことのようにみる向きがあります。たとえば、ある時代になりますと、教会的ムードがはやる時があります。そうすると、何週間か前の新聞ですけれども、外国の教会で結婚式をあげるのが流行し、スイスのカトリック教会で集団結婚式をあげたら、信者がプラカードを持って押しかけてきた。（中略）それを伝える日本の新聞とか週刊誌というのは、これまたやや恥ずかしげな口調で、これはムードだ、キリスト教を信じなくてキリスト教会であげる、そういうムードというのをやや批判的に、あるいは自嘲《じちょう》的に伝えています。

今日、信仰のない宗教というのを、これを特に擁護《ようご》するというような行き方では成功しないかもしれませんが、しかしながら、それは一つのタイプとしてあるのだということです。信仰のない宗教、つまり特定の信仰箇条というもの、何々を信じる、何々を信じるという、しかもそれが内心の問題として信じなくてはいけないという、そんなふうな信仰箇条のない宗教、内心の問題に還元できないような宗教があるのだということ、それはそれとして、それは別に責められるべきものでもなく、それは一つの形態としてあるのだというところまでをいいたいのであります。

柳川啓一「信仰のない宗教」『女子大通信』No.300、一九七四年

●日本人の宗教行動

信仰のない宗教、生活の中の宗教、あるいは自然宗教と表現する研究者もいますが、どの場合でも、私たちの日常生活の中で、具体的な行動としての宗教現象を列記するのが常です。その場合には、儀礼文化としての年中行事、通過儀礼が取り上げられます。

試しに、主だった年中行事をあげますので、どのような宗教と関わりがあるか記入してみてください。

▶考えてみよう

下の一覧以外にもあなたの住む地域や所属する団体に固有の行事があったら由来を調べてみよう。

主だった年中行事一覧

1月　正月（　）
2月　節分（　）
　　　バレンタインデー（　）
3月　ひなまつり（　）
　　　ホワイトデー（　）
　　　春のお彼岸（　）
4月　花祭り（　）
5月　端午の節句（　）
　　　母の日（　）
6月　父の日（　）
7月　七夕（　）
8月　お盆（　）
9月　秋のお彼岸（　）
10月　ハロウィン（　）

11月　七五三（　　　　）
12月　クリスマス（　　　　）

同様に私たちは、人生の節目節目に行われる通過儀礼においても、宗教と関わることになります。安産祈願やお七夜など誕生に関する儀礼、七五三、厄年《やくどし》などの成長に関する儀礼の場合はもっぱら神社へ出かけます。結婚式は、かつては大半が神社でしたが、現在はチャペルウエディングが主流です（結婚式自体をやらないカップルもかなりいますが）。そして葬儀は、これも最近はいろいろな形態が現れていますが、伝統的には仏式で行うことになります。

●日本人の宗教は変わらない？

日本人の宗教性は教団に帰属することや、自覚的な信仰の有無に関係がなく、年中行事や通過儀礼など、生活の中で脈々と維持されている、とする見方は、日本の宗教研究者には広く浸透しているものです。

たびたびで恐縮ですが、うまく言い当てているので、今一度、梶村昇と、「日本教」という言葉で日本人を説明したイザヤ・ベンダサンから引用したいと思います。

民族の固有の宗教は、異宗教との接触によっても容易に消滅するものではなく、原始の魂として深く民族の底にひそみ、形を変えて共存する。

梶村昇『日本人の信仰　民族の〈三つ子の魂〉』中公新書、一九八八年

日本人とは日本教徒なのである。ユダヤ教が存在するごとく、日本教という宗教も厳として存在しているのである。（中略）日本人は……日本教徒などという自覚は全くもっていないし、日本教などという宗教が存在するとも思っていない。その必要がないからである。しかし日本教という宗教は厳として存在する。これは世界で最も強固な宗教である。というのは、その信徒自身すら自覚しえぬまでに完全に浸透しきっているからである。日本教徒を他宗教に改宗さすことが可能だなどと考える人間がいたら、まさに正気の沙汰ではない。（中略）日本教の中心にあるのは、前章でも述べたように神観念ではなく、「人間」という概念なのだ。

イザヤ・ベンダサン『日本人とユダヤ人』角川書店、一九七〇年

「民族固有の宗教」「原始の魂」「形を変えて共存」という表現は、必ずしも変化を想定していないようです。変化したとしてもそれは形、表現の仕方だけの問題で本質は変わっていない、と考えるわけです。イザヤ・ベンダサンの指摘はさらにもう一歩踏み込んでいるように思えます。「日本教」という、あらゆる宗教や文化を飲み込んでしまう概念を設けることで、日本人やその精神文化は変わらない、と主張しているように思えます。

しかしながら実際には、初詣ひとつとっても、あるいは正月のめでたさだって、ずいぶんと変わったのではないでしょうか。変わらないように見える年中行事や通過儀礼、当たり前とされた仏壇や神棚もすっかり変わってしまったのです。

次の図を見てください。民俗学者の井之口章二が作成したものです。一月から一二月まで数多くの行事が並んでいます。これは日本人であれば、地域にかかわらず行っているとされる行事で、大半は農耕儀礼です。そしてこうした儀礼の背後には、生育を司る「神」の存在が想定されています。

図表１　主要年中行事表（井之口章二）

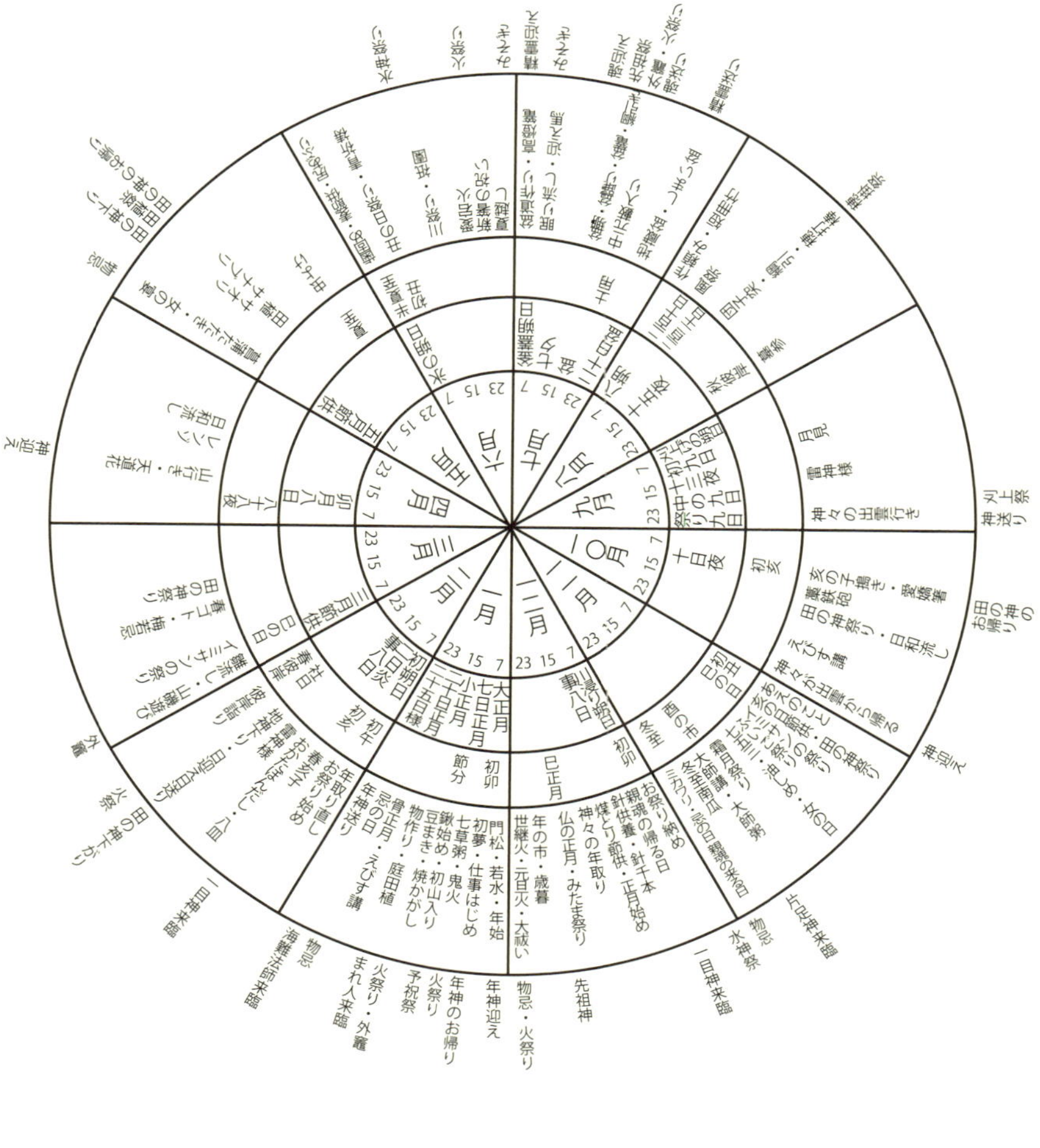

●儀礼の変容

皆さんどうでしょうか。まず、いつの話だと思いませんか。これは戦前かと、自分はこんなのやったことないよと。井之口の論文が掲載されている本の総説の一部をちょっと引用してみましょう。

年中行事は年々くり返されるとりわけ伝統性の強い信仰儀礼であり、したがって平常の生活の枠からとびこえた調子の高い晴れの生活表現でもありえた。が、平常の生活なくしては年中行事もありえないので、平常の生活との組合わせがどうであったかを当然考えねば、伝統生活の中での位置づけは不可能であろう。

（中略）

年中行事の中でも最もおもおもしい正月の前になると、今日でも多忙の中で畳替えをしたり、襖《ふすま》の張りかえをしたり、垣根を新しく結《ゆ》ったりする家は多いし、また海辺の村々の家では浜のきれいな真砂《まさご》を家の門庭にまいたりするものもあって、だんだんに正月の注連《しめ》の内に近づく気配が外からでもうかがわれるが、さらに家の内部に入ると、正月のための衣類、食料、台所用具、座敷・玄関用の調度類などについてもいろいろの用意がなされて、やがて注連と餅と門松にかざられた正月という心の改まるめでたい状態が、各家の中にいっせいにできあがった。そういう正月を見ると、その正月は各家々の年々における生活の目標ともいうべきものとみられ、個人の生活にとっては冥途《めいど》への一里塚であったかもしれないが、永続する家やそういう家々の集まる社会の、いっせいにいきいきと再出発し、長く生々発展を期する時であったともみられる。今日われわれの年齢は生れた月日を基準として満歳でかぞえるように変ってしまったが、一〇年ほど前までは一月生れの者でも一二月生れの者でも同じ年に生れたものは、いっせいに正月を期して年齢を一つ加えた。つまりわれわれは時々刻々に年齢を増していると意識したのではなくて、年に一度新年を迎えるたびに一つずつ年をとってきたのである。だからわれわれにとっては正月はひとしく冥途の一里塚でもあったのであるが、われわれが皆いっしょに、いっせいに年をとるというところに、個人は死んでも家や社会の生々発展につながる不死の若い生命を感得できるような初春・新春である正月をもちえたのであるかもしれない。

桜田勝徳「総説」『日本民俗学大系第７巻　生活と民俗（２）』平凡社、一九六二年

この本は昭和三七年に刊行されたものです。今から五〇年ほど前になります。若い方には言葉もいちいちわからないのではないでしょうか。ましてや五〇年前の日本人の正月は想像もつかないと思います。五〇年の間に私たちの年中行事、つまり生活構造はすっかり変わってしまったということです。

じつは一七一頁に載せた表は、私が実施した調査で、現在、東京で生活する学生さんの五〇パーセント以上が行っている年中行事です。これらが今、生きている年中行事とすると、ずいぶん少なくなったと思いませんか。しかも、全員が行っているわけではなさそうです。全国民的行事といえそうなのは、正月とお盆、クリスマスくらいでしょうか。生活の中で、儀礼文化として維持されてきた宗教性は、戦後大きく変化したのではないでしょうか。つまり、お正月やお盆の盛況ぶりを指摘して、「日本人は宗教的」といえるのでしょうか。「宗教的」といえたのは、先ほど引用した現在では理解できない年中行事やお正月を送っていた頃のことで、現在、「めでたさの低減」は隠しようがないように思います。

戦後の儀礼文化の変容にこだわって、もう少し説明したいと思います。

現代日本の儀礼文化を考察する場合のキーワードは、伝統的な儀礼文化の崩壊です。もちろん地方によってはまだまだ伝統的な生活様式が保持されていて、以前からの儀礼が

柳田国男（やなぎた・くにお　1875-1962）
東京帝国大学卒業後、農務省に勤務。30 歳頃から民俗に興味を持ち始め、退官後に学問としての民俗学を確立した。『遠野物語』『先祖の話』をはじめ、民俗学だけでなく幅広い領域に影響を与えている。

行われている場合もありますが、現代日本の儀礼文化の現状を理解しようとすれば、どうしても現代の都市民の儀礼を考察の対象にせざるをえません。

現代の儀礼文化の特徴を一言でいえば、それは多様化ということになります。多様化を生んだのは、集団による儀礼の執行に対する規制力・拘束力の喪失《そうしつ》です。柳田国男監修の『民俗学辞典』に記載されている「年中行事」の項目には、**「家庭や村落・民族など、とにかく或る集団ごとにしきたりとして共通に営まれるもの」**という一節が含まれています。年中行事は、当該の集団に行事の実践を強制する拘束力を持っていました。

こうした強制力は年中行事だけでなく通過儀礼も同様です。出産は個人や家族の喜びであるとともに、村全体の喜びでもありました。構成員の増加は村の繁栄につながるからです。七五三は氏子入りの機会でしたし、成人式は若者が村から一人前と認められる機会でした。結婚式は村をあげての一大行事で、村人の大半が儀礼に加わりました。厄《やく》年《どし》も同じ年に生まれた者が一緒に厄除《やくよ》けを行ったものです。そして葬儀は、村人の手作りの棺桶《かんおけ》に遺体を納めてお墓まで野辺送《のべおく》りをしました。儀礼は、誕生から死に至る儀礼まで、村民の協力なくしては行うことのできないものでした。

しかしながら、現在はそうした状況にないことはおわかりの通りです。集団の拘束力からの解放は、個人や家族が従来の伝統から離れて、新しい儀礼ややり方を選択するこ

左：ボンネットバスに乗って嫁入りした花嫁（昭和26年）
右：野辺送り（昭和31年）
東京都八王子市下由木（旧南多摩群由木村）〔飯田伸良撮影〕

とを可能にしました。

家で行っている行事について友達と話をしてみてください。けっこう行事ややり方も違っています。つまり、夫婦や家族のライフスタイルの相違によって、行っている儀礼に変化のあることがわかっています。たとえば、「風流を知り、質素で日本的なものを好む伝統派」と「変化を好み合理的で新しもの好きの進歩派」では、バレンタインデー、クリスマス、盆・彼岸、ゆず湯、ハロウィンなど、年中行事の実施率に明らかな相違が見られるわけです。

村社会や家制度が弱体化して、個人が一年や一生を形作ることのできる自由を獲得したことは、儀礼の意味の拡散を招くことになりました。儀礼は自らが意味づけるのでなければ、誰も意味づけてくれないようになりました。個人は社会や集団に意味づけられることなく放置されるといってもいいかもしれません。

行政の行う成人式は、大人であることの自覚を声高に叫びますが、試練も社会的承認も存在しない儀礼は、青年を真の大人へと変容させる力を失っていると思います。親はビデオで子どもの学芸会や運動会をせっせと撮影し、思い出を残し幸せを貯めていく。そうでもしなければ家族の幸せを確認することはできないからではないでしょうか。

ヒント3　死後の魂はどこへ行くのか？

●祖先崇拝はどうなるのか？

祖先崇拝は日本人の宗教性の中核をなすものだといわれます。日本人の宗教的な行為は、程度の差こそあれ、すべて祖先崇拝と関わっていると指摘されることもあります。お盆やお彼岸のお墓参り、亡くなったときの葬儀や年忌供養《ねんきくよう》、あるいは仏壇への祭祀などで確認することができます。

しかし、葬儀のやり方に散骨や樹木葬、あるいは直葬《ちょくそう》などといって、従来とは異なった形態が現れ、かつ人気があります。どこの家にもあった仏壇も、いまや全国平均で五割ほど、東京では五割を切りました。

民俗学者の柳田国男は祖先崇拝について次のように記しています。

柳田は町田のとあるバス停で一人の老人と出会います。老人はにこやかに話をします。

わが店のしるしを染めた新しい半纏《はんてん》を重ね、ゴムの長靴をはき、長い白い髯《ひげ》を垂れているという変った風采《ふうさい》の人だったが、この人がしきりに御先祖になるつもりだということをいったのである。生まれは越後の高田在で、母の在所の信州へ来て大工を覚えた。兵役の少し前から東京へ出て働いたが、腕が良かったとみえて四十前後にはやや仕出した〔財をなした〕。それから受負いと材木の取引に転じ、今では家作〔貸家〕も大分持って楽に暮している。子供は六人とかで出征しているのもあるが、大体身がきまったからそれぞれに家を持たせることができる。母も引取って安らかに見送り、墓所も相応なものが出来ている。もうここより他へ移って行く気はない。新たな六軒の一族の御先祖になるのです、と珍しく朗らかな話をした。

柳田国男『先祖の話』定本柳田国男集第一五巻、筑摩書房、一九六三年

珍しい事実が新聞には時々伝えられる。門司《もじ》では師走なかばの寒い雨の日に、九十五歳になるという老人がただ一人傘一本も持たずにとぼとぼと町をあるいていた。警察署に連れて来て保護を加えると、荷物とては背に負うた風呂敷包みの

中に、ただ四十五枚の位牌《いはい》があるばかりだったという記事が、ちょうど一年前の朝日新聞に出ている。こんな年寄りの旅をさまよう者にも、なおどうしても祭らなければならぬ祖霊があったのである。われわれの祖霊が血すじの子孫からの供養を期待していたように、以前は活きたわれわれもそのことを当然の権利と思っていた。

死んで自分の血を分けた者から祭られねば、死後の幸福は得られないという考え方が、いつの昔からともなくわれわれの親たちに抱かれていた。家の永続を希《ねが》う心も、いつかは行かねばならぬあの世の平和のために、これが何よりも必要であったからである。これは一つの種族の無言の約束であって、多くの場合祭ってくれるのは子孫であったから、子孫が祭ってくれることを必然と考え、それを望みえない霊魂が淋しかったのであろう。

柳田国男「家永続の願い」『明治大正史世相篇（下）』講談社学術文庫、一九七六年

柳田国男の述懐は、まだ一部の年配の方には通じるものがあると思います。自宅の仏《ぶつ》壇《だん》や位牌《いはい》、お盆の墓参りを通して、自分が代々の先祖につながり、今がある幸せを感謝

している人は少なくありません。先祖を祀っている自分は、死んだ後、子孫に祀られる自分でもありました。しかし現在では、そうしたことが期待できなくなっています。日本の祖先崇拝を、位牌の実態調査から明らかにしたロバート・スミスは、現代日本人の祖先崇拝の変容を次のように記しています。

さてここで、都会で就職し、子供もある、ある若い男性を例にとってみよう。彼の場合は、自らの先祖はもたないし、仏壇もない創設夫婦家族ということになる。こういう例では実際上極めて長期間に亘《わた》って仏壇なしの生活を続けることになるだろう。今日であればなお更《さら》のことである。なぜなら、第二次世界大戦後になって乳児死亡率が急激に低下してしまうまでは、このような家族では乳児か幼児の一人位を亡くするのはごく普通のことで、そのために位牌ももつことになり、その位牌に向かっての祭儀も時には営まれたわけである。ところが今日では、この種の家族における子供達は、大人になるまで生き続けるものと見てまず間違いはないだろうし、このことはつまり、彼等が死者供養の慣わしに精通するようになる機会をもつことがないということを意味しているのである。そうすると、ボンか、

▶考えてみよう

あなたの家ではどのように先祖を祀っているだろうか？
あなたが自分の先祖を意識するのはどのようなときだろう。

それとも何か重要な法事でもあって、その家族が田舎にある父親の生家に帰ったりすると、その時初めて子供達は直接そういった慣わしに触れることになる。以上のことをできるだけ簡潔な表現でいえば、今日の日本には、先祖と名のつくものの全く不在な家族の中で生れて、成人してしまう若い世代の者が大へんな数を占めているのである。（中略）

ここになお一つ大きな相違がかつての家《イエ》と最近の家族との間には介在している。すなわち、前者にあっては先祖が築き上げ、そして子孫に遺《のこ》した財産の相続ということが大きな特徴であるのに、後者になってはほとんどそういうことがないという点である。以上見てきたように、遺産など少しも遺してはくれなかった人々に対しても昔から位牌は作っていたのではあるが、家長は家産を守り、殖《ふ》やすように期待されていた。こういった家産を先祖から譲り受けた家長は、今度は自分の子孫にそれを伝え遺していく責務があった。（中略）

その結果として先祖祭儀の面に当然現われてくる変化は、はるかな昔の死者に対する礼拝（これは本来家《イエ》に係わる問題であった）は次第次第に影が薄くなっていき、一方近年故人となった親族の者に対してのみ愛情を表現する傾向、すなわち単純化された供養主義《メモーリアリズム》という形で礼拝を行なう傾向がますます表面に出てくる、

お盆（盂蘭盆会《うらぼんえ》）に供える精霊馬《しょうろううま》。7月（地域によっては8月）13日に迎え火を炊いて先祖の霊を迎え、16日に送り火であの世に帰す。来るときは馬（キュウリ）に乗って少しでも早く、帰りは牛（ナス）に乗ってゆっくり戻っていただくため、と言われている。

という点である。

ロバート・スミス『現代日本人の祖先崇拝（下）』御茶ノ水書房、一九八三年

原本が書かれたのは一九七四年のことです。今から四〇年前です。現在、祖先崇拝はさらに変容しています。

●魂のゆくえ

儀礼の変容は、儀礼によって表明されている世界観の変容を表しています。伝統的な年中行事や通過儀礼の説明を読んでいて、思いがけず「霊魂」に出会って驚くことがあります。民俗学者の宮田登によると

「成人式は、この世に生を受けたものが、それまでの不安定な状態にあった霊魂を安定させることを大きな目標としている。霊魂の安定化は、肉体的に一人前になったことと軌を一にするのである」といいます（宮田登『冠婚葬祭』岩波書店、一九九九年）。

霊魂の成長と肉体の成長とを別のものと考えて、昨今の若者は魂の成長がで

図表２　生死観図式（坪井洋文）

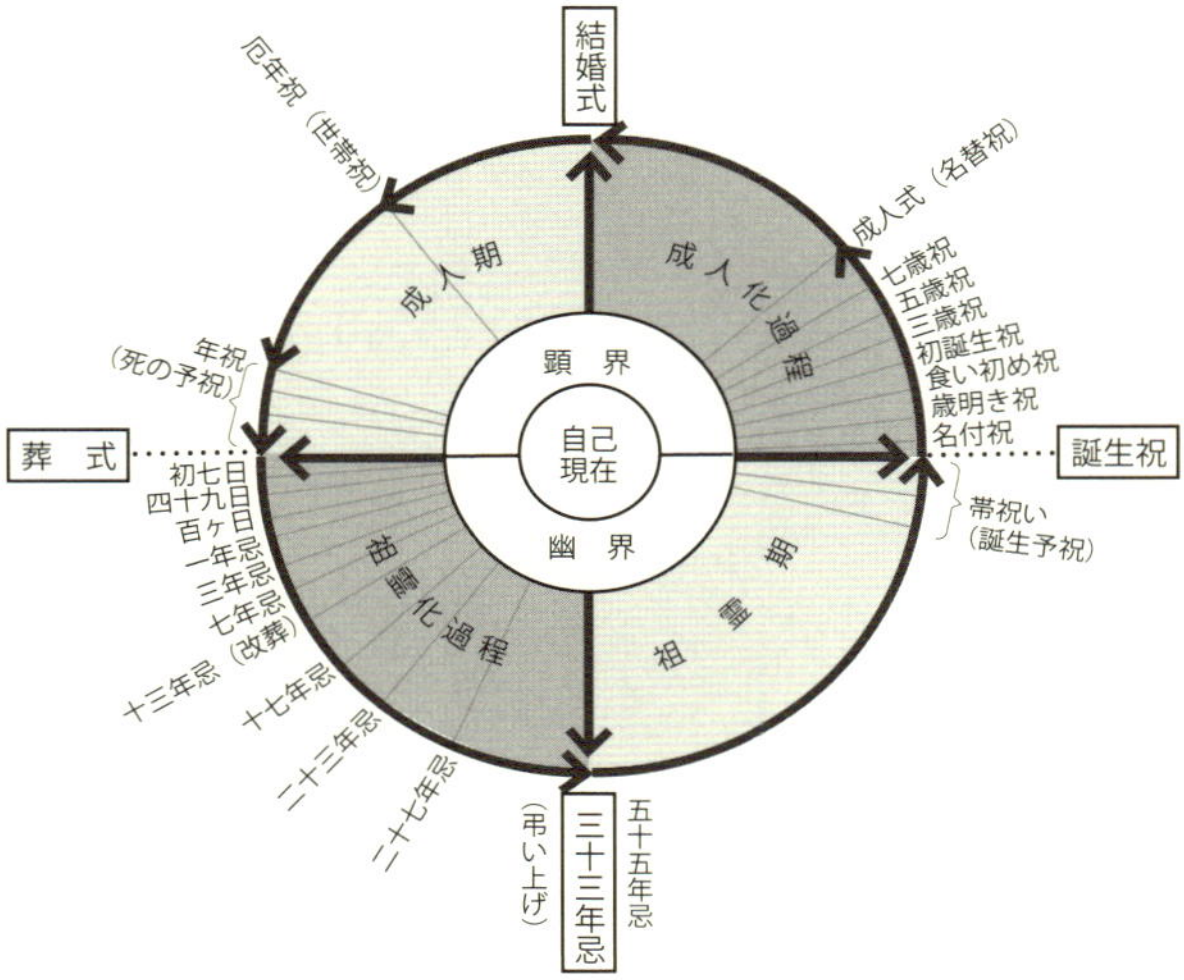

きていないから成人式での醜態《しゅうたい》が生じるのだといってみても、祖先崇拝さえ変容してしまった今日では十分な説得力を持つことはないのではないでしょうか。

民俗学では、正月は「生命の更新を祝う春の行事」（柳田国男監修『民俗学辞典』東京堂、一九五一年）であると説明します。しかし、「大正月は歳神《としがみ》の来臨を迎えての霊魂の更新に重点」（同）があるという民俗学の分析は、都会に住む私たちの正月に当てはまるとは思えません。

民俗学において私たち日本人の人生、誕生から死まで、そして死んでのち生まれ変わるまでの循環を表した、よく知られた図があります（図表2）。

図を作成したのは民俗学者の坪井洋文です。人の誕生から死、そして生まれ変わりまでが四段階に分けられています。第一の段階は誕生から結婚式までで「成人化」の過程、第二の段階は結婚式から葬式までで「祖霊化」の過程、第三の段階は葬式以後の過程で、年忌法要《ねんきほうよう》を過ごしながら祖霊《それい》になっていく「祖霊期」、そして最後の第四の過程は祖霊＝カミとなった世界から再び子どもへと生まれ変わる過程です。つまり、人はこの世に生まれて、いくつかの段階を経てあの世へ行き、そして再び生まれ変わる、という循環を繰り返すと説明しています。

残念ながら、現代日本においてこうした調和のとれた美しい世界観を確認することは困難です。年忌供養が短くなり、散骨や樹木葬への関心が高まっています。円の下半分がなくなったときに、私たちの魂はどこへいくのでしょうか。

ヒント4 現代日本人の宗教性とは？

●日本人から宗教性は失われたのか

これまで示してきたのは、日本人の宗教性が宗教団体に帰属したり、特定の教義や経典を背景とした世界観に従って日々営まれているのではないこと、生活の中で必要に応じてさまざまな宗教と関わりながら宗教性が維持されてきたこと、しかし戦後の社会構

▶考えてみよう

あなたは信仰とあまり関係のない場所やものに祈りを捧げたことはあるだろうか？　あるとしたら、それはなぜだろう。

造の変動に伴ってこうした宗教性が大きく変化していること、の三点です。

それでは、現代に生きる私たちは、すっかり宗教とは関係のない生活を送っているのでしょうか。初詣やお盆・お彼岸の墓参りが依然として盛んだとしても、伝統宗教との関わり方は薄れ、内容も変容しました。宗教団体への帰属は一割前後で、増加する様子は見えません。日本人の宗教団体離れが指摘されて久しくなります。

宗教現象は、人間の先祖であるネアンデルタールやクロマニヨンの登場以来、存在が確認されてきた文化現象です。それ以降、時代が変わっても、地域が変わっても、社会制度が変わっても、消え去ったことはありません。人間である限り、私たちが文化を営む限りは、宗教はなくなりません。言い換えれば、私たちが生きていく上で、自覚しているかどうかは別としても、宗教は不可欠だということができるでしょう。

あなたは身の回りで、思わぬ所にお金が置かれていることに気づいたことはありませんか。ディズニーランドにも数か所お金が投げ込まれているところがあります。ミニーマウスの家の敷地内にあるミニーの願いの井戸の中、ジェットコースターのビッグサンダーマウンテンの水車の付近、スプラッシュマウンテンの水の中、白雪姫の洞窟と祈りの泉の中、シンデレラの祈りの泉の中、ピノキオの噴水の中、他にも捜せば水の流れているところなどにはあるかもしれません。

写真1　上井草駅前のガンダム像。足元に賽銭を入れるための小さな容器がある。

写真2　麻布パティオ広場のきみちゃん像。きみちゃんは野口雨情の童謡「赤い靴」のモデル。

写真3　恵比寿駅前の恵比寿像。恵比寿は七福神でもあるが、像の建立はこの駅にエビスビールの工場があったことにちなんでいる。

写真4　八重洲ブックセンターの二宮金次郎像。長じて経営の才にすぐれた二宮尊徳はビジネス街に溶け込んでいる。

清浄な水が流れていたりすると、私たちはお金を投げ入れたくなるようです。これは、ディズニーランドの例からわかるように、年配の方に限定されているわけではありません。場所も多様です。私の知っているところでは他にもお台場のビーナスフォートの噴水、ズーラシアの池、大阪阪急三番街の地下二階のトレビの広場（池）、水道橋の防火用水の中、青森の長崎屋・八戸店の入口の噴水の中、横浜地下街ポルタの噴水の中、鴨川シーワールドの亀の水槽の中とか、捜せばまだまだあるのではないでしょうか。

こうしたお金を「お賽銭《さいせん》」と考えれば、さらに対象は多くなります。上井草駅の改札前にある「大地から」と命名されているブロンズのガンダム像（写真1）、山下公園の赤い靴像、麻布パティオのきみちゃん像（写真2）に賽銭が置かれています。これらは伝統的な意味では崇拝対象ではありませんが、お賽銭が置かれているわけです。

境港・妖怪ロードの妖怪の口はちょうどお金が入れやすかったんでしょうか、かなりの数の硬貨が見えます。恵比寿駅の恵比寿像（写真3）にはちゃんと賽銭箱が据え付けてありますので、恒常的に賽銭を入れる人がいるということでしょう。

鳥居があったりお社が作られて、すっかり崇拝対象となってしまったものの中にも、本来は信仰とは関係のないものも少なくありません。アニメ映画の宣伝のために、お台場にエヴァンゲリオンを祀ったエヴァ神社が設けられたことがあります。汐留のごくせん神社も同じようなものです。メディアはときどきこうしたことをやります。

必勝祈願となると、参拝場所ができるのはごく当たり前です。サッカーのワールドカップの際には渋谷のスペイン坂にトルシエ神社ができたことがあります。新横浜駅にはマリノス神社、横浜FCは優勝を祈念して鉄人28号をご神体に鉄神社ができました。湯布院にはキティ神社もあります。キティは崇拝対象になった例が他にもあります。東京駅に近い八重洲ブックセンター一階入口に建っている二宮金次郎像には一枚百円の金箔《きんぱく》が貼られて金ピカになっています（写真4）。

●銀座の神々

東京はビルの林立するきわめて近代的な空間として感じられるのが一般的ではないでしょうか。ニューヨークのマンハッタン並みとはいきませんが、東京の再開発が進み、多くの超高層ビルがますます増えています。しかしながら一見するとウルトラモダンに見える東京の町並みは、表面を一枚剥《は》いでみると、想像もしないようなものが見えてきます。すでに水に投げ入れられる賽銭や、思わぬものが祀られている様子をみてきましたが、今度は「銀座」に座す多くの神々について話をしてみましょう。

銀座は、有楽町、新橋、築地、京橋に囲まれた一平方キロメートルの地域ですが、ここに四〇ほどの神仏が祀られていることがわかっています。このように言われて皆さんはひとつでも思い浮かべられるものがありますか。

このうちの大半はビルの屋上に祀られているお稲荷《いなり》さんです。ほとんどが企業のビルですので、ふだんから一般に公開されているものは三越デパートの出世地蔵・三囲神社、松屋デパートの龍光不動尊、松坂屋デパートの靍護《かくご》稲荷、町会が守護している一丁目の幸稲荷、四丁目の宝童稲荷、五丁目のあづま稲荷くらいです。

銀座では毎年秋に銀座祭を行っていますが、一一カ所を選んで「銀座八丁神社めぐり」が併設されています。ふだんは企業ビルの屋上に祀られているものが期間中は一階部分に仮社殿が設けられるなどして公開されます。集印帳が無料で配布され、札所《ふだしょ》を廻るたびに判子を押してもらえます。

誌上で札所巡りをしてみましょう。銀座八丁神社巡りは、一丁目の幸稲荷から始まります（写真５）。銀座といっても一丁目の裏通りともなれば、それほど銀座らしい雰囲気はありません。並木通りを京橋方面に向かうと、突然、赤い金網ですっぽり囲まれたお稲荷さんが目に飛び込んできます。幸稲荷の周囲は建物がすっかり取り壊されて駐車場になっています。幟《のぼり》や提灯が下げられ、祭の用意が整っています。赤い金網は、鳥居の朱を連想させます。心無い酔客や浮浪者から守るために、賽銭箱はもちろん、狐、灯籠《とうろう》、すべてが金網の中に設けられています。正面の細い隙間から賽銭を投げ入れ、薄暗い中に向かって手を合わせます。

二番札所は、ふだんは越後屋ビルの屋上に鎮座していますが、大銀座祭のときにだけ「銀座稲荷」の仮社殿が設けられます（写真6）。コンパクトな、そして若干安っぽい社殿が通りに面して突然現れることになります。通りがかりの買物客は、それを不思議とも思わないようで、お賽銭を上げて参拝していきます。

三番札所は、松屋屋上の龍光不動尊です。デパートの屋上には何かしら小祠《しょうし》らしきものが祀られている場合が多いようです。「龍光」は「流行」に通じ、ファッション関係者にご利益多しといわれています。

四番札所は、同じ三丁目の朝日稲荷神社。以前は車庫の二階に祀られていましたが、隣接するビルの改築に伴って、共同ビルを建て、屋上へと引越してしまいました。道路に面して拝殿が設けられ、拝殿で打つ柏手の音が屋上の本殿に届くようになっています。

四丁目の三越デパートの屋上に祀られているのは、五番札所、銀座出世地蔵尊です（三囲神社、写真7）。明治の初めに、三越の裏を流れていた三十間掘から発見されたお地蔵様です。関東大震災、東京大空襲など三度火災に会いながら、「祈願して成就せざるなし」といわれています。奉賛会が作られ、会長には銀座八丁を代表して四丁目の町会長が、

写真６　銀座稲荷神社 2

写真５　幸稲荷神社 1

写真７　銀座出世地蔵尊 5

図表３　銀座に鎮座する神社・お地蔵さんの地図

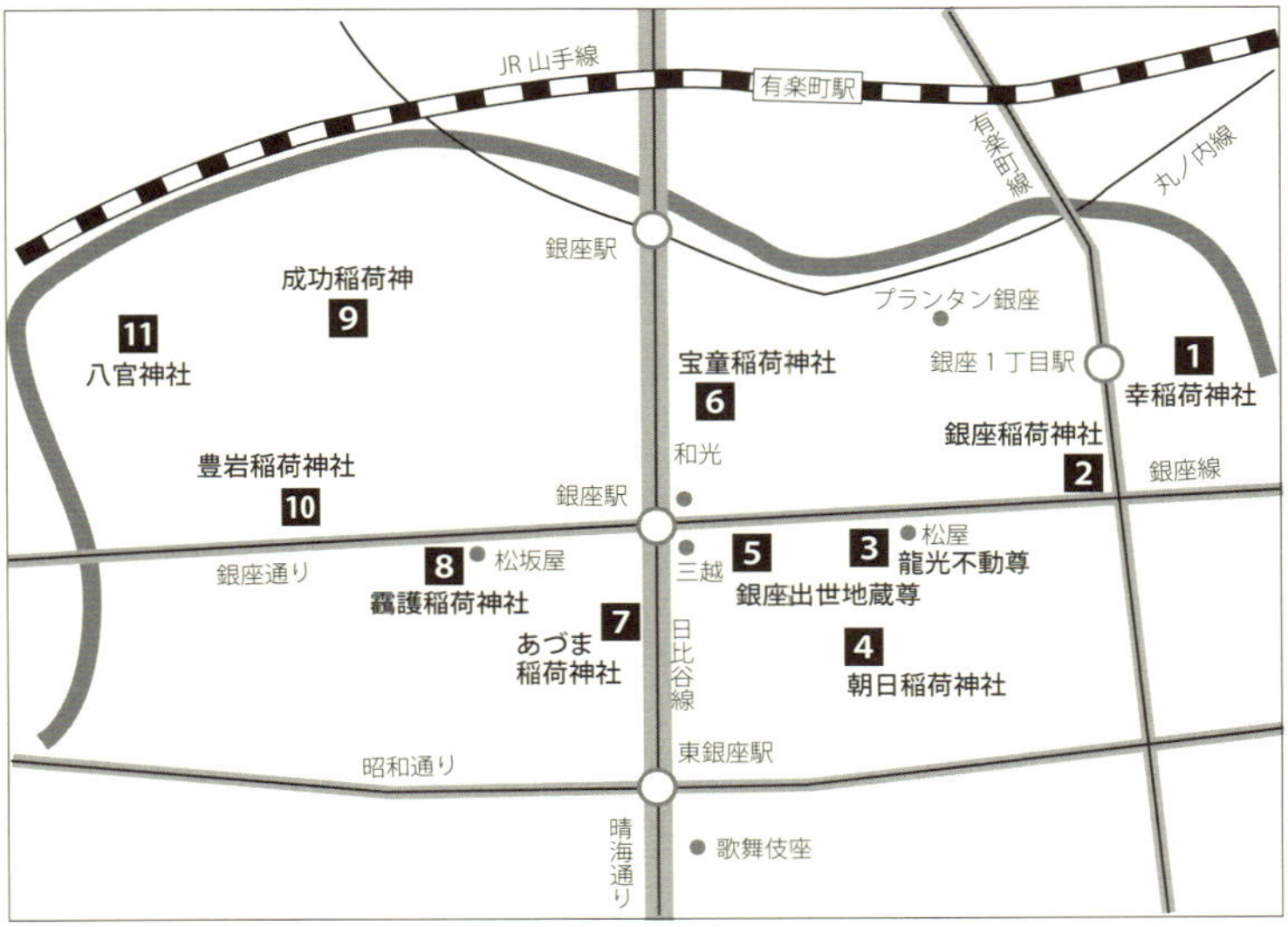

理事長には銀座三越の支店長があたっています。六番札所「宝童稲荷神社」も四丁目にありますが、こちらは横町のお稲荷さんといった風情《ふぜい》です。

五丁目の七番札所あづま稲荷神社は、あづま通り三原小路にあり、付近の商店街が祀っています。あづま稲荷を祀ってから、頻繁《ひんぱん》に続いた火災が不思議となくなったといわれています。毎年日枝神社から神主を招いて、例祭を行っていますが、ふだんはごみの集積場所になっています。店の壁に張り付くように置かれた鳥居や祠の前に、飲食店のポリバケツが並びます。例祭の時の聖なる空間としての扱いと日常とのギャップに驚きを覚えます。

六丁目には松屋の屋上の八番札所靍護《かくご》稲荷神社が祀られています。

九番札所は豊岩稲荷神社で、細い路地を入ったところにビルの一角に組み込まれて祀られています。こうなるまでには複雑な経緯がありまして、簡単に語ることはできません。十番札所は七丁目の成功稲荷神社です。このお稲荷さんもふだんは資生堂本社ビルの屋上に鎮座しています。例祭の期間中にかぎって一階の入口付近に仮社殿がしつらえられ、参拝者に資生堂の石鹸《せっけん》が配られます。十一番札所の金春稲荷神社はふだん新橋会館の屋上に祀られていますが、お祭りの期間は一階に仮社殿が設けられます。新橋会館は芸妓《げいぎ》さんの稽古《けいこ》する場所です。金春稲荷神社は芸能上達の神として信仰されています。

銀座八丁神社めぐりは当時の故郷ブームを背景にして生まれました。銀座通り連合会は期間中の巡拝者のために数千枚の集印帳を用意します。一一社を回っても約一時間という手軽さもあり、期間中に数万人が巡拝します。ふだんは狭い路地やビルの裏、あるいはデパートや会社の屋上に祀られている稲荷や地蔵は、一年に一度、銀座の表舞台に現れ、晴れ姿を見せることになります。

都市が近代化や合理化のシンボルだとしても、都市は「宗教」を排斥《はいせき》していないようです。むしろ「宗教」は都市に溶け込んでいるように見えます。私たちは、近代化された日本社会における宗教の存在を、いま少し正直に認識してもいいように思います。

●スピリチュアルって？

現代日本人の宗教性を「スピリチュアル」という言葉で表現しようとすることがあります。スピリチュアルは、現代において「宗教」が、場合によってはマイナスのイメージで受け取られることを踏まえて、より広い人間の精神活動を包摂《ほうせつ》しようとして作られた言葉です。宗教社会学者の伊藤雅之の説明は次のようになっています。

「スピリチュアリティ」の語は、おもに個々人の体験に焦点をおき、当事者が何らかの手の届かない不可知、不可視の存在（たとえば、大自然、宇宙、内なる神／自己意識、特別な人間など）と神秘的なつながりを得て、非日常的な体験をしたり、自己が高められるという感覚をもったりすることを指す。

伊藤雅之『現代社会とスピリチュアリティ』渓水社、二〇〇三年

スピリチュアルの意味が宗教に限定されず、かなり広いことに気がつかれたでしょうか。組織としての宗教を離れて、非宗教的領域におけるある種の超越的・神秘的（これらの語が宗教的とどう違うかという問題があるのですが）体験に着目する見方です。人間である限り、精神的というか文化的というか、完全に機械のような生活というのは難しいわけですから、いくぶんかはスピリチュアル、ということになるのでしょうか。

「スピリチュアル」という表現が使われるようになったことには、宗教をめぐる大規模な社会構造の変化が背景にあります。戦後一九六〇年代まで宗教社会学の中心テーマだったといっていい学説に「世俗化説」というものがあります。近代化のプロセスにおいて

▶考えてみよう

「スピリチュアル」や「パワースポット」という言葉にはどんなイメージを抱くだろう？　それは「宗教」という言葉のもつイメージとは違うだろうか。

宗教に生じる大きな変化を世界的規模で理解しようとする試みです。つまり、近代化すると宗教的諸制度、とくに伝統宗教が持っていた社会的重要性がしだいに後退し失われていくことを意味しています。私たちの考えることや行うことが、宗教的世界観の後ろ盾《だて》を失い、世俗的・現世的なものへと移っていくと考えられました。私たちは物事を考えたり決めたりするときに自分に決定権があると考え、伝統的な世界から解放されるともいえます。学問的には「宗教の私事化」とも表現されます。伝統的な組織宗教から個人が解放されるという点を捉えて、近代的な個人として宗教性が内在化する点を強調するわけです。

こうした文脈のなかで、組織に依拠しないきわめて個人の主観的な体験や感覚に基づいた「スピリチュアル」という表現が生まれました。宗教に関する大きなパラダイムシフトが生じたことになります。この点を現代社会における「スピリチュアル」「新霊性運動」を強調する島薗進の文章から見てみることにしましょう。

◎精神世界からスピリチュアリティへ

日本で「スピリチュアリティ」という語が盛んに用いられるようになったのは一九九〇年代の後半以降だが、アメリカ合衆国ではこの語は一九八〇年代から盛んに用いられるようになっていた。日本で「精神世界」と呼ばれたものの顕著な広まりは、一九七〇年代前半に始まっている。もちろんそれ以前も様々な霊性追求の試み、内からの自己解放の模索があった。しかし、そうした潮流の急速な波及が起こり始め、目に見える運動となって若者を中心に多数の住民の精神生活に深い影響を及ぼすようになったのはこの頃なのである。

八〇年代はこの潮流を大きく発展させた。初期の「精神世界」は「反体制」の文化として進歩的メディアの一部に登場したり、前衛的な意識をもつ人びとのミニコミ的なネットワークを主な情報流通の場としていた。八〇年代になると、それはメジャーな文化へと徐々に食い込んでいき、有力な雑誌や大学の講壇や病院・福祉機関の実践の場に実質的な影響を及ぼすようになる。例えば、ニューサイエンス、心と魂の成長、癒《いや》し、ホスピス運動（緩和ケア）といった領域で「精神世界」的な考え方や語彙《ごい》は真剣な検討の対象となるようになる。その一方で、運動体として、あるいはビジネスとして「精神世界」的なものの普及に取り組むものが多数登場する。ヨーガ、気功、気づきのセミナー、意識変容のセラピーといったものが次々と現れ、人々の人生史の転回点に関わるようになる。また、自然や森を尊ぶエコロジー的な霊性をアニミズムとよんで称揚するような言説も盛んになされるようになった。

◎生活に根付くスピリチュアリティ

日本でのこの潮流は一九八〇年代の前半までは若者の運動とみなされがちだったが、やがて全世代にまたがる運動、または文化現象としてみなせるような広がりをもつようになった。例えば、アルコール中毒者のアルコホリックス・アノニマスのように「ハイヤーパワー」（必ずしも「神」とよばない）の力による自己回復をめざすセルフヘルプ運動も、これに含めることができる。九〇年代に入ると、もはやこれは対抗的な文化であるとか、若者の文化であるとかいえないものとなった。とりわけ大きな影響力をもったのは、合理主義的な科学を基礎として近代に形成されてきた医療や学校教育などの制度領域で、スピリチュアリティへの関心が高まってきたことである。

病院では死に行く人のケアが必要であることが痛感されるようになった。だが、大学で教えられる近代医学は、人のからだの痛んだ部分を治すための知識と技術は提供するが、死に行く人のケアのための智慧《ちえ》や技は関知するところではない。（中略）ホスピスでは身体的医学的側面での緩和ケアとともに、精神的側面でのスピリチュアルケアも求められる。スピリチュアルペインに向き合う手助けをし、死に行く生を人間らしいうるおいある生に高めようとするケアのあり方だ。

二〇〇〇年代に入る頃から、日本ではマスメディアで活躍する民俗宗教的な霊能者が自らの霊界との交渉能力を示唆するときに「スピリチュアル」や「スピリチュアリズム」を唱えるようになり、スピリチュアリティの語義がさらに広がりを増すこととなった。新時代の息吹を感じさせる用語としての側面と、マスメディアがかき立てる一時的な流行語としての側面が混じり合って、二〇〇〇年代後半にはある種の熱気を帯びるに至った。

島薗進「新霊性運動＝文化」『宗教学事典』丸善、二〇一〇年

皆さん、いかがでしょうか。これを読んで、現代がスピリチュアルな時代だということが理解できたでしょうか。じつは私は必ずしもそう思っていないのです。というのは、研究者である以前に、個人として、こうしたスピリチュアルな状況を実感できないのです。「二〇〇〇年代後半にはある種の熱気を帯びるに至った」といわれても、ここでスピリチュアルとされている、個人を基盤にした新たな人間関係の再構築といった、そういうものが形成されてきたという客観的なデータも見当たりません。

平成二四年に読売新聞が実施したしきたりに関する調査では、結婚式や葬儀をはじめとした儀礼に集う人々の範囲や意識が従来と比較して急速に縮小していることが明らかにされています。葬儀や結婚式といった宗教との関わりを持つものだけでなく、日頃の付き合いをはじめとした社会関係が薄くなっているというデータがあります。

私たちは平成二三年三月に東日本大震災を体験しました。その年と翌年は、テレビや新聞で「絆《きずな》」という言葉を見る機会が多くありました。前年の平成二二年一月にＮＨＫスペシャルは「無縁社会～〝無縁死〟三万二千人の衝撃～」を放送しました。日本は自殺率が先進国の中でワースト二位の国で、ここ数年「身元不明の自殺と見られる死者」や「行き倒れ死」などの孤独死が急増していることをレポートしたものです。

この状況自体がスピリチュアリズムの興隆に疑問を投げかけるものですし、東日本大震災を経験したにもかかわらず、また、あれだけ「絆」の重要性が叫ばれたにもかかわらず、近年の調査によれば、私たちの社会関係は「無縁社会」が指摘されたときよりもさらに薄れていることがわかっています。孤独死についていえば、単身世帯の増加に伴って、遠くない将来二五万人が孤独死することが推定されています。

日本人の宗教性は、組織宗教の持つ持続的で濃い宗教文化が衰退することで、個人としては高度情報社会や高度消費社会の中へ投げ出され、翻弄《ほんろう》されているだけのように思えてなりません。ふだんの生活の中での神社やお寺との関わりが薄れています。神棚も仏壇もない家が増加しています。しばらく前まではどの家にも必ずあったといわれるものです。台所には火事を防ぐための秋葉様《あきばさま》や荒神様《こうじんさま》のお札は見当たりません。

●正月はテレビの中からやってくる

次のコラムは私が現代日本人の宗教性のありさまを考察しようとして書いたものです。日本人の宗教性が日常生活の中で、とくに年中行事として維持されてきたことを念頭に置いています。皆さんはどのような感想を持つでしょうか。

お正月はお盆とともに、日本人がもっとも宗教的になる時期である。暮れのクリスマスから大晦日を迎える頃になると、多忙な現代日本人の間にも、一年が終わるという感慨が拡がってくる。明けて新年を迎えると、大勢の人々が初詣に神社やお寺へ参拝する様子がテレビで映し出される。しかしながら、今も昔も変わらないかのように見える光景も、実は、テレビが映しだす虚構であるかもしれない。

正月におせち料理を全く作らない家庭が二割ほどあるという。食卓がふだんの食事風景と変わらないのであれば、「新年」を迎えたという意識も意味も感じられないのではないか。そういえば、街の雰囲気もかつての正月と較べれば、比較にならないほど「めでたさ」は失われてしまったような気がする。商店は、元旦だけは閉じているところが多いものの、二日になれば飲食店を中心に営業が始まっている。ファーストフードの店やコンビニとなれば、一年中閉まることはない。伝統的な正月行事が家や地域から消えていき、あわただしく年末年始を過ごす現代人の正月のめでたさは、見る影もない。

年中行事を扱った民俗学の文献や民俗史に関する著作を読むと、人々が正月を迎えるために、時期を定めて順々に用意をしていく、その丹念さと真摯な姿に驚かされる。門松や注連飾《しめ》りをはじめ、年木、新木、拝み松、幸木、懸《かけ》の魚《うお》など、正月を迎えるための装置は実に多かった。しかしながらこの丹念さと真摯さは、我々現代日本人の前からは消えつつある。

我々の生活が自然のリズムから切り離されがちになり、情報や消費を中心として営まれるようになったときに、メディアが行事をテレビで再生してみせる、という現象が生じた。メディアは適切な時期に、季節の折々の行事を、全国からお茶の間に届けてくれるのである。しかしながらメディアを通して維持・再生される伝統行事の姿は、実生活には存在しない、強いていえば我々日本人の心意にしか存在しないものである。

あるノンフィクション作家が、正月はテレビ画面の中からだけやってくるといったことがある。手抜きのおせち料理と元旦のお雑煮の準備を終え、テレビの前に座ってNHKの紅白歌合戦を見ないと年越しをした気にならない。紅白の後、「ゆく年、くる年」で全国各地の除夜の鐘を聞いて、荘厳な気分に浸って眠りにつく。明けて元旦は、テレビの画面にとっかえひっかえ登場するお笑いタレントのどたばたや出演者の晴着姿をぼーっと眺めて過ごし、二日、三日は日本テレビの「箱根駅伝」で年末年始のテレビ視聴を締めくくる。そして再び日常の生活へと戻っていく。お正月は、もっぱらテレビのあの賑やかな画面の中からだけやってくる、ということになる。

民俗学では、正月は「生命の更新を祝う春の行事」であると説明する。しかしながら、「大正月は歳神《としがみ》の来臨を迎えての霊魂の更新に重点」があるという指摘は、もはや現代の正月には適応できないだろう。それは歳神を成立させている構造自体を我々現代人が失っているためである。

正月から生命力の更新が失われていったとき、私たちはいつどこで生命力を更新すればいいのだろうか。それ以前に、生命力の更新が可能なのかという疑問すら湧いてくる。殺伐《さつばつ》とした世相や事件は、そうした私たちの生活のなれの果てなのかもしれない。

石井研士「正月はテレビの中からやってくる」『國學院大學院友会報』第三三九号、二〇一〇年

第5問 まとめ

ヒント1◆日本では宗教は娯楽なのか？

↓祈りと娯楽がセットになることがあるという宗教性。

ヒント2◆生活の中の宗教

↓信仰心はなくても、宗教的な行事には抵抗がない。

↓近年、年中行事は減少傾向にあり、それに伴って日本人の宗教性が薄れている。

ヒント3◆死後の魂はどこへ行くのか？

↓祖先崇拝の意識は薄れている。

↓正月や成人式などの儀礼は本来、魂の再生という世界観を表していた。

ヒント4◆現代日本人の宗教性とは？

↓宗教性がない現代的な象徴物も抵抗感なく祀り、拝む。

↓都市に溶け込んだ従来の神々も大切に祀られている。

↓テレビが正月を演出する時代、日本人はどこから生命力を再生するのか？

おわりに

私たちは今、個人として、むき出しのまま宗教に晒されています。宗教について特段教養も自覚もない私たちですが、いったん海外へ出るとそうはいきません。仕事や善意で海外で働く日本人がイスラーム過激派によって拉致される、その結果殺害にいたるという事件が相次いでいます。宗教に関心を持たなくても支障がないという日本人の常識は、世界的に見れば非常識です。

そうはいってもなかなか理解いただけないでしょうから、私たちの置かれた状況を二つ事例から理解したいと思います。時間も場所も違いますが、現代日本人の宗教音痴をよく表しています。

> インドネシア国家警察は六日、味の素のインドネシア現地法人「インドネシア味の素」が調味料の製造過程で豚の成分を利用していた問題で、日本人社員一人を含む同社幹部六人を消費者保護法違反の容疑で逮捕したことを明らかにした。警察は五日夜、日本人の技術担当者ら東ジャワ州モジョクルトの同社工場幹部四人を逮捕するとともに、同工場を封鎖。六日にはジャカルタ近辺で同社のインドネシア人幹部二人を逮捕した。
>
> 時事通信社、二〇〇一年一月六日

逮捕されたのは現地法人の社長と技術担当者（両名とも日本人）と五名のインドネシア人幹部でした。インドネシアの人口の九割はムスリムで、ムスリムが食べることのできる食物（ハラール）かどうかは、イスラームの戒律に従ってインドネシア・イスラム指導者会議（ＭＵＩ）が判断しています。ムスリムは豚肉を食べることができません。当局は製品の市場からの回収を指示しました。

どうして味の素は、ムスリムが食べることのできない豚肉を黙って使用したのでしょうか。会社の説明によると、味の素の主成分であるグルタミン酸ソーダは発酵によって生産されます。発酵のために乳酸菌を使用しますが、乳酸菌を保存する培地の一部の栄養源として大豆蛋白分解物質を用います。この大豆蛋白分解物質の製造過程において触媒として豚由来の分解酵素を使っていた、ということでした。ですから製品自体に「豚」が使われていたわけではありません。

事件の五日後、インドネシア大統領は味の素に豚肉は入っていないと声明を出して、全員を釈放しました。インドネシア・イスラム指導者会議も「ハラール認定」を発行しました。

私たちからすれば、どうでもいいようなことかもしれません。しかしムスリムにとってはきわめて重大なことであるわけです。二〇世紀後半はイスラームの爆発と呼ばれ、信者が著しく増加しました。いまや世界人口の二割以上がムスリムだといわれています。

ふたつめの事例は二〇〇二年にヨルダン川西岸で起きた救出騒ぎです。

当地の報道によると、ヨルダン川西岸ベツレヘムで一七日、日本旅行者の若者カップルが、イスラエル軍により侵攻作戦の最中と知らずにキリスト教聖地「生誕教会」を探し回り、取材中の報道陣に〝救出〟される騒ぎがあった。

二人は、タクシーでたどり着いたベツレヘムの入り口検問所から、徒歩で市中心部の教会を目指したが、ガイドブックを読むのに夢中になっていたため、外出禁止令で無人になった街には、全く気づかなかったという。

そこに、防弾チョッキにヘルメット姿の装備で撮影中の報道カメラマンの集団が通りかかり、二人を発見、カメラマンの一人が銃弾で穴だらけのビルを指さすと、二人は教会行きを中止した。二人は六か月間の旅行中で、その間テレビ、新聞ニュースは知らず、自治区で何が起きているか分からない状況だった。戦場に突然現れた観光客に、パレスチナ住民も困惑をかくさなかったという。

『読売新聞』二〇〇二年四月一八日

この読売新聞の記事は、前日に世界中に向けて発信されたBBCニュースの要約です。いくらテレビや新聞を見ていなかったといっても、周囲の異常に気づかなかったのでしょうか。

一九八〇年以降、先進諸国、途上国を問わず宗教の復興が指摘されています。しかし日本では状況が異なっています。伝統宗教を支えてきた地域社会や家族構造の変容に伴って、私たちと神社や寺院との関わりが薄れてしまいました。キリスト教や新宗教といった宗教団体の信者は一割ほどで、こうした団体に対する拒否感は半端ではありません。

生活の中で維持されてきた宗教性も、生活構造が変わるにつれて、年中行事や通過儀礼といった儀礼文化が衰退してしまいました。

しかし私たちが文化的な動物である限り、どこかに宗教性や超越性はついてまわります。近代的で合理的に見える日本の都市のあちこちに聖なるものの存在を確認することができます。テレビをつければ、霊能者や占い師が登場し、心霊番組や超能力番組が放送されています。私たちはこうした内容を受け入れているわけです。

あらためてこうした文化的な状況をどう考えたらいいのでしょうか。宗教は精神文化の中核をなすものと指摘されることがあります。私たちは現代社会の中で、情報と消費に強く影響されながら、ふらふらさまよっているように思えてなりません。

最近聞かなくなりましたが「パワースポット」という言葉がテレビや週刊誌で盛んに使われていました。特別にエネルギーに溢れた場所といった意味で使われていましたが、明治神宮の清正の井などが注目されました。伊勢神宮でパワースポットであるという杉の巨木があります。数年前に参拝したときに杉に手を当てて祈っている人たちを初めて目にしましたが、彼らの必死さとは裏腹に、奇妙に感じざるをえませんでした。神体山に向かって手を広げて仁王立ちになり山からパワーをもらおうとしている人たち、芸能人がパワースポットと指摘してから井戸の面をスマホや携帯の待ち受け画面にするために長蛇の列をなす人たち……個人に任された宗教性は、その時々でふらふらと移ろっていきそうです。ましてや自分の人生をしっかりと支えてくれる世界観とはなりそうにありません。

私たちの今ある人生や社会をより豊かで充実したものとするために、宗教や儀礼文化のあり方を考えることは、とても重要に思えます。本書がこうしたことを考える契機となれば幸いです。

二〇一五年　一月

石井　研士

著　者●石井 研士　いしい　けんじ

國學院大學神道文化学部教授、博士（宗教学）
1954年生まれ。東京大学人文科学研究科宗教学宗教史学博士課程修了。
東京大学文学部助手、文化庁宗務課専門職員を経て現職。
古典からサブカルチャーまでの幅広い造詣と、自ら手がけた数多くの調査データから日本人の心性と宗教のつながりを読み解く手法を得意とする、硬軟併せ持つ気鋭の宗教学者。

著　作
『銀座の神々—都市に溶け込む宗教』新曜社、1994年
『社会変動と神社神道』大明堂、1998年
『日本人の一年と一生—変わりゆく日本人の心性』春秋社、2005年
『結婚式—私たちの幸せの形』日本放送出版協会、2005年
『増補改訂版　データブック　現代日本人の宗教』新曜社、2007年
『宗教学文献事典』弘文堂、2007年（共編著）
『テレビと宗教』中公ラクレ、2008年
『プレステップ宗教学』弘文堂、2010年　ほか

神さまってホントにいるの？

2015（平成27）年3月15日　初版1刷発行

著　者　石井　研士
発行者　鯉渕　友南
発行所　株式会社　弘文堂　101-0062　東京都千代田区神田駿河台1の7
TEL 03(3294)4801　振替 00120-6-53909
http://www.koubundou.co.jp

デザイン・イラスト　高嶋良枝
印　刷　三報社印刷
製　本　井上製本所

ISBN978-4-335-16079-0